BIBLIOTHEE
Wijs...
Alie...
tel. 070

D1145953

De StrandTent
Aflevering 5:

Over liefdesverdriet, erwtensoep met worst,
foute pilletjes en nog veel meer snertdingen

Behalve De StrandTent *schreef Mirjam Mous ook:*
Nat
Alle Dagen Hartstikke Druk
Lange vingers
Prinses voor eventjes dan
Pietje Prinses – De spiegeltje-spiegeltje verkiezing
Pietje Prinses – Kaboutertjes bestaan wèl!
Pietje Prinses – De schat van duizend-en-één nacht
Vigo Vampier – Een bloedlink partijtje
Vigo Vampier – Een bloeddorstige meester
Vigo Vampier – De bloedneusbende
Vigo Vampier – Het bos van Bloedbaard

Lees ook de jeugdromans van Mirjam Mous:
Goed fout!
Moordmeiden
Fluisterwater
Nee!

BIBLIOTHEE4BREDA
Wijk Zuidoost
Allerheiligenweg 19
tel. 076 -

Mirjam Mous

De StrandTent

Aflevering 5:

Over liefdesverdriet, erwtensoep met worst,
foute pilletjes en nog veel meer snertdingen

Met tekeningen van Stefanie Kampman

Van Holkema & Warendorf

ISBN 978 90 475 0156 5

NUR 283

© 2007 Uitgeverij Van Holkema & Warendorf,
Unieboek BV, Postbus 97, 3990 DB Houten

www.unieboek.nl
www.mirjammous.nl
www.destrandtent.com

Tekst: Mirjam Mous
Illustraties: Stefanie Kampman
Omslagontwerp: Ontwerpstudio Bosgra BNO, Baarn
Zetwerk binnenwerk: ZetSpiegel, Best

Marie-Flodder

'Jemig, wat ziet die eruit,' fluisterde Marscha.

Ik volgde haar blik naar de deur van de Strandtent en liet van verbijstering bijna mijn dienblad vallen. Marie-Fleur kwam binnen en ze zag er juist níét uit!

Normaal gesproken lijkt ze de tweelingzus van Barbie. Dure merkjurkjes met bijpassende schoenen. Glanzend haar en nagellak. Volgens mij staat ze elke ochtend minstens twee uur voor de spiegel, voordat ze de straat op durft.

Nou, vandaag dus niet. Ze droeg een joggingbroek die vloekte met haar gewatteerde jas. Haar haren piekten woest rond haar hoofd en ze had haar sokken binnenstebuiten aan!

Marie-Flodder, dacht ik.

'Is dit de nieuwe zwerfsterlook of zo?' vroeg Marscha.

Marie-Fleur schokte met haar schouders en begon ineens keihard te huilen. Blijkbaar gebruikte ze waterproof mascara, want hij liep niet uit.

Toen besefte ik pas dat ze helemaal geen make-up op had!

Er was iets mis. Vreselijk mis.

'Ga zitten,' zei ik bezorgd.

Marie-Fleur plofte in de eerste de beste stoel.

Het is hartstikke onhandig om iemand met volle handen te troosten, dus knikte ik verontschuldigend naar de glazen op mijn dienblad. 'Momentje, zo terug.'

Marscha keek me wanhopig aan. Ik zag haar denken: je laat me niet met haar alleen, hoor! (Zij en Marie-Fleur zijn niet echt dikke vriendinnen.)

'Haal jij intussen een zakdoek,' zei ik.

Marscha verdween opgelucht naar de keuken en ik leverde zo snel mogelijk de drankjes bij de klanten af.

Marie-Fleur zat tussen mij en Marscha in. Ze had haar gezicht in haar handen begraven en maakte hikkende geluidjes.

Ik aaide haar rug. 'Wat is er?'

Het hikken werd alleen nog maar erger.

'Hier.' Marscha legde een meter keukenpapier bij Marie-Fleur op schoot.

Hèhè. Marie-Fleur snoot haar neus en keek ons eindelijk aan. Net een zielig zwerfkatje.

'Mijn vader is weg,' fluisterde ze hees.

'Je vader gaat toch wel vaker weg?' vroeg Marscha oenig. 'Voor zijn werk.'

'Echt weg.' De lip van Marie-Fleur trilde.

'Rustig ademhalen,' zei ik vlug. 'In. Uit. In. Uit.'

Marscha grinnikte. 'Je lijkt wel zo'n yogagoeroe.'

Marie-Fleur en ik keken haar vernietigend aan.

'Sorry,' zei Marscha snel. 'Komt door de zenuwen.'

'Laat haar nou vertellen,' mopperde ik.

'Hij is niet op zakenreis.' Marie-Fleur frommelde het keuken-papier tot een prop. 'Mijn ouders hadden vanmorgen knallende ruzie en toen heeft mijn vader zijn koffers gepakt.' Haar stem sloeg over. 'Nu woont hij zolang in een hotel.'

Een vijfsterrenhotel, gokte ik. Met sauna, massageruimte en ja-cuzzi. (Hij is namelijk miljonair.)

Marie-Fleur zuchtte. 'En we zouden nog wel op wintersport gaan.'

'Het komt vast wel weer goed.' Marscha gaf haar een klopje op haar knie. 'Je vader heeft waarschijnlijk een midlifecrisis. Dat hebben mannen van die leeftijd wel vaker.'

'Denk je?' Marie-Fleur slikte.

'Zeker weten.' Marscha knikte zo hard dat haar zilveren oorbellen tinkelden. 'Hij wil gewoon een poosje vrij zijn en zich weer jong voelen. Niet de verantwoordelijkheid van een gezin, maar lekker rondscheuren in een sportwagen met open dak.'

Waar had ze dat nu weer vandaan? Ik had het in elk geval nog nooit in *Glow* gelezen, ons favoriete tijdschrift.

'M-mijn vader rijdt al heel zijn leven in sportwagens,' stamelde Marie-Fleur.

Marscha wapperde ongeduldig met haar hand. 'Het is maar een voorbeeldje.'

'Oh.' Marie-Fleur legde haar hand op haar borst. 'Ik mis hem nu al.'

Marscha en ik keken elkaar even aan. Hij was pas net weg!

'Je kunt hem toch opzoeken,' zei ik. 'In dat hotel.'

'Ik weet niet waar hij is.' Haar ogen werden weer vochtig. 'Hij heeft geen adres achtergelaten.'

'En zijn gsm?' Marscha viste een reservestuk keukenpapier uit haar zak.

Marie-Fleur nam het dankbaar aan en snoot voor de tweede keer haar neus. 'Die heeft mijn moeder in de theepot verdronken.'

Ik beet op mijn lip om mijn lach binnen te houden.

'In de theepot?' Marscha propte haar hand in haar mond en boog zich voorover.

'Tijdens de ruzie,' zei Marie-Fleur bloedserieus.

Ik probeerde mijn gezicht weer in de plooi te krijgen. 'Hij belt je heus nog wel.'

Marie-Fleur sprong geschrokken omhoog. 'Mijn mobieltje ligt nog thuis. Straks heb ik zijn telefoontje gemist!'

Marscha ging ook staan. 'Ga dan maar gauw.'

Marie-Fleur rende bijna naar de deur.

'Sterkte!' riep ik haar na.

Toen durfden Marscha en ik elkaar pas weer aan te kijken. We gierden het uit.

**Problemen met je lijf,
je lover of je ouders?
Vraag Manja om raad!**
(Ook anonieme brieven
worden beantwoord)

Lieve Manja,
De ouders van een vriendin van mij gaan misschien scheiden. Ze is
heel verdrietig. Hoe kan ik haar helpen om deze ellendige tijd door
te komen?
De goede Fee

Lieve goede Fee,
Laat haar merken dat je voor haar klaarstaat. Zeg tegen haar dat ze
altijd mag komen praten of uithuilen, als ze daar behoefte aan heeft.
Probeer haar op te vrolijken en af te leiden met dingen die zij leuk
vindt. Ga een middagje met haar shoppen of stuur haar een gekke
kaart. Vertel haar dat de scheiding niets met háár te maken heeft.
Haar ouders houden misschien niet meer van elkaar, maar dat bete-
kent niet dat ze ook niet meer van je vriendin houden. Sommige kin-
deren maken zich daar zorgen over. Onterecht! Aan de scheiding
zelf kun je niks doen, maar het zal haar een veilig en fijn gevoel
geven als ze weet dat jij haar niet in de steek laat.
Sterkte en groetjes,
Manja

Kerstengel

'Wat was er met Marie-Fleur?' vroeg Stanley.

Hij werkt net als Marscha en ik bij DST en we hebben al maanden verkering.

'Zo zielig.' Ik verhuisde de lege glazen van mijn dienblad naar de bar. 'Haar ouders gaan misschien scheiden.'

Stanley pakte plotseling mijn hand vast. 'Wij gaan nooit uit elkaar, hè?'

Wat had hij nou ineens?

'Natuurlijk niet,' antwoordde ik. Alleen het idee al!

'Wat er ook gebeurt, hè?' Stanley kneep mijn vingers er bijna af.

Ik werd er een beetje zenuwachtig van. 'Wat zou er nou kunnen gebeuren?'

Hij boog zijn hoofd, zodat zijn ogen schuilgingen onder zijn lange pony. 'Nou ja, ik bedoel... Na de kerstvakantie gaat DST een hele poos dicht en dan zien we elkaar niet meer iedere dag en...'

Niet aan denken!

'We kunnen mailen en msn'en en sms'en!' riep ik vlug.

Hij zuchtte. 'Ja, dat wel.'

'En heel vaak afspreken!'

Hij liet me los en begon zwijgend de glazen te spoelen.

'Kop op,' zei ik. 'Voor Marie-Fleur is het allemaal veel erger. Zij kán niet eens met haar vader afspreken, want ze weet niet in welk hotel hij logeert.'

Stanleys hand bleef even in de lucht hangen. 'Waarschijnlijk gewoon in de buurt. We zouden een paar hotels kunnen bellen om uit te vinden waar hij is.'

Wat was hij lief en slim!

'Goed plan.' Vanuit mijn ooghoeken zag ik een paar klanten ongeduldig mijn kant op kijken. 'Maar schenk eerst even twee koffie in.'

Tegen sluitingstijd haalde oom Rien – de eigenaar van de Strandtent en de tweelingbroer van Marscha's vader – een handvol geld uit de kassa.
'Om kerstversieringen te kopen,' zei hij tegen Marscha en mij.'
Ik wist nu al dat we met een lading zilveren ballen en slingers zouden terugkomen. Zilver was Marscha's lievelingskleur op dit moment.
'Bertje!' Marscha floot op haar vingers.
Haar joekel van een hond kwam achter de bar vandaan en kwispelde opgewonden.
'We gaan kerstinkopen doen,' legde Marscha aan hem uit.
'Vergeet de mistletoe niet,' zei Stanley.
Volgens mij had hij helemaal geen mistletoe nodig. Hij sloeg zijn armen om me heen en gaf me een zoen. En nog een en nog een...
'Hallo-ho!' riep Marscha. 'De winkels zijn om zes uur dicht, hoor!'

De boulevard was met lichtjes versierd en uit kleine luidsprekers waaierden kerstliedjes.
'Ik vind kerst zo gezellig,' zei Marscha. 'Kaarsjes aan, lekker eten en mooi twee weken geen school.'
Ik knikte. 'Arme Marie-Fleur. Zíj zal kerst zonder haar vader moeten vieren.'
'En zonder skivakantie.' Marscha wees naar een cadeauzaak aan de overkant. 'Daar hebben ze kerstspullen.'

De winkel stond propvol. Marscha pakte Bertje bij zijn halsband en hield hem dicht tegen zich aan. Ik volgde hen door de smalle paadjes naar de hoek met zilveren artikelen.
Na een kwartiertje kijken en keuren waren Marscha en ik het eens: een kilometer zilveren slingers, vijf dozen met zilveren kerstballen, een gigakerstengel in een zilveren jurk en twintig glazen bollen

met zilveren kaarsen erin. We brachten alles naar de toonbank en ik legde er nog een paar snoeren met gekleurde lampjes bij.

De verkoopster wilde net de bedragen op de kassa aanslaan en toen gebeurde het...

Iemand kwam de winkel binnen. Bertje draaide zich nieuwsgierig om en stootte met zijn kop tegen een piramide van rode kerstballen.

'Neeee!' riepen de verkoopster en ik tegelijk.

Het leek wel een lawine! Ik stak mijn armen uit en probeerde zo veel mogelijk ballen op te vangen. Bertje hielp ook mee en ving er eentje met zijn rug. De rest knalde op de grond en rolde door de winkel als ballen in een flipperkast. Eentje botste er tegen de voeten van de jongen die zojuist was binnengestapt.

'Oeps,' zei Marscha.

De jongen grijnsde. 'Even Apeldoorn bellen?'

'Ik bel hém liever,' fluisterde Marscha in mijn oor. 'Wat een lekkertje.'

Hoe kon ze op dit moment aan jongens denken?

'Sorry,' zei ik met gloeiende wangen tegen de verkoopster. Voorzichtig legde ik de ballen die ik gered had terug.

'Het valt wel mee.' De verkoopster ging op haar hurken zitten. 'De meeste zijn nog heel.'

Ik hielp haar met oprapen en stapelen.

Marscha stak geen vinger uit. Ze keek als gehypnotiseerd naar de jongen. Hij droeg een legerjas met zilveren knopen en een complete ijzerwinkel aan oorringetjes. Ik stelde me voor hoe hij er later uit zou zien: een bejaarde met uitgelubberde oren.

'Ik kwam even melden dat de website klaar is,' zei hij tegen de gebogen rug van de verkoopster.

'Fijn.' Ze kwam overeind en gaf me een knikje. 'Bedankt, de rest doe ik straks wel.'

Ik stond op en wilde naar de toonbank met boodschappen lopen om af te rekenen, maar Marscha bleef als een paspop in de weg staan.

'Website?' vroeg ze aan de jongen. 'Ik ben gek op computers!'
Op msn'en, bedoelde ze.

'Ik máák sites,' legde hij uit. 'Voor winkels, bedrijven...'

'Fay, man!' Marscha kon niet meer stilstaan. 'Ik heb ineens een geweldig idee!'

'Vrouw,' zei ik.

Bertje werd onrustig van Marscha's gewiebel en blafte. Ik sloeg snel mijn armen om hem heen, voordat hij weer brokken zou maken.

Marscha ratelde maar door: 'We vragen aan oom Rien of dingetje...'

'Jochem,' zei de jongen zogenaamd gepikeerd. 'Jochem Engel.'

'...of Jochem een website voor de Strandtent mag ontwerpen!' Ze maakte een weids gebaar met haar arm en miste op een haar na een minikerstboompje. 'DST voortaan online!'

OEPS!
Wil je ook jouw verhaal kwijt in de blunderrubriek? Mail/sms dan snel de *Glow*-redactie!

koortslip camouflage

Tessa: Hebben mijn vriend en ik net een romantisch avondje gepland, krijg ik een koortslip...

Fay: Staan we in een winkel propvol kerstartikelen, stoot de hond van mijn vriendin een piramide met kerstballen om...

Nikkie: Spreken mijn vriendin en ik om drie uur af bij de ingang van V&D, komen we er pas na een halfuur wachten achter dat we allebei bij een verschillende ingang staan...

Linda: Kan ik eindelijk die prachtige, nieuwe schoenen aan naar een feestje, breekt mijn hak af...

Eline: Doe ik op zaterdagochtend in mijn oude pyjama, op konijnen-sloffen en met ongekamde haren de deur open, staat niet mijn vader maar die leuke buurjongen op de stoep...

Angela: Buk ik tijdens de natuurkundeles om een potlood op te ra-pen, schiet – ploink – mijn bh-sluiting los...

Michelle: Moet ik op de fiets door de regen, knal ik ook nog eens tegen een stilstaande auto op...

Viespeuk 1

Ik keek naar de lading kerstartikelen die we hadden gekocht en kreunde. 'Dat wordt tien keer heen en weer lopen naar DST.'
'Jullie mogen mijn winkelwagentje wel lenen,' zei Jochem.
Marscha straalde alsof hij haar zijn Ferrari had aangeboden.

Jochem woonde boven de Blokker. Hij had een eigen voordeur in het steegje ernaast. We wurmden ons langs een rij containers.
'Hier is het.' Jochem priegelde de sleutel in het slot.
Zodra het licht aanfloepte, stommelden we het halletje in.
Mijn moeder zou een hartverlamming hebben gekregen!
Je kon de vloer niet meer zien, want er lag een tapijt van reclamefolders overheen. Tegen de muur stond een winkelwagentje met iets schimmeligs en een paar lege flessen erin.
'Kom even boven, dan geef ik jullie wat info over de site.' Jochem stampte voor ons uit de trap op.
'Wat een zootje,' fluisterde ik in Marscha's oor.
'Juist artistiekerig.' Ze liep Jochem vlug achterna.
Bertje snuffelde aan een krantje met de tekst ERWTENSOEP, TWEE BLIKKEN HALEN, EENTJE BETALEN erop.
Ik trok de mouw van mijn jas langer, zodat ik de trapleuning niet met mijn blote handen hoefde aan te raken. Hij zag eruit alsof iemand in het halletje frites had staan bakken.
'Zo hé!' hoorde ik Marscha roepen.
Bertje vergat de erwtensoep en schoot langs mijn benen naar boven. Ik liep langzaam achter hem aan over de plakkerige treden.
Eigenlijk zouden we Jochem voor *Hoe schoon is jouw huis* moeten opgeven. Maar sinds *Peeping DST* had ik mijn buik vol van reality-programma's.

Jochems kamer was zo'n drie meter hoog. Vanaf het plafond loerden gipsen engeltjes omlaag en de achterramen waren van glas in lood.

'Wat gááááf!' riep Marscha. 'Ben jij stinkend rijk of zo?'

Jochem schudde zijn hoofd. 'Gewoon antikraak.'

En antischoonmaak, dacht ik.

Jochem bewaarde zijn kleren niet in een kast, maar in dozen. Hij kon blijkbaar slecht mikken, want de helft lag ernaast. Zijn bed was een matras op de grond en het overtrek leek in geen tien jaar gewassen. Op het voeteneinde stond een geopende pizzadoos, waarin nog een puntje lag te stinken. Bertje dook er meteen op af.

'Daar gaat mijn ontbijt,' mopperde Jochem, maar zijn ogen lachten.

'Kom je morgen toch gezellig in DST eten?' stelde Marscha voor. 'Kun je meteen inspiratie opdoen voor de website.'

'Graag.' Jochem zocht tussen de papieren op zijn bureau. Zelfs zijn laptop was bedolven onder een laag paperassen. Na vijf minuten had hij eindelijk het goede blaadje te pakken. 'Een prijsindicatie en wat adressen van sites die ik al gemaakt heb.'

'Bedankt.' Marscha vouwde het zorgvuldig op en stak het in de zak van haar zilverkleurige jack.

'Je mag je jas wel uitdoen, hoor,' zei Jochem. 'En willen jullie soms iets drinken?'

'Lekker!' Marscha friemelde al aan haar rits.

Ik dacht aan vettige glazen met korsten erin.

'We moeten de kerstspullen nog ophalen,' zei ik vlug. 'Anders is de winkel dicht.'

Marscha keek op haar horloge, dat meer weg had van een duikklok. 'Oké, oké,' mompelde ze chagrijnig.

Jochem liep naar de trap. 'Dan zal ik de wagen even voorrijden.'

Marscha lachte alsof hij de mop van de eeuw had verteld.

**Problemen met je lijf,
je lover of je ouders?
Vraag Manja om raad!**
(Ook anonieme brieven
worden beantwoord)

Lieve Manja,
Kun je enge ziektes krijgen van een heel vies huis?
Groetjes van een antibacterie-babe

Lieve antibacterie-babe,
Als je immuunsysteem goed is, word je niet zo snel ziek. Krijg je
slechte bacteriën binnen, dan vernietigt je maagzuur ze meestal met-
een. Bovendien bestaan er ook goede bacteriën, die er juist voor zor-
gen dat je gezond blijft! Een vies huis ziet er misschien niet zo pret-
tig uit, maar de kans is erg klein dat je er iets zult oplopen. Alleen
met bedorven voedsel moet je oppassen. Eet ook nooit iets wat op
een vuile snijplank heeft gelegen.
Groetjes van Manja

Kamer 104

We droegen het winkelwagentje met kerstspullen de trap af, van de boulevard naar het strand.

'Wat is Jochem leuk, hè?' zei Marscha hijgend.

'Ik had hem nog leuker gevonden als hij even mee had gesjouwd,' mompelde ik.

Bertje stond al beneden en blafte ongeduldig.

Nog drie treden...

Hèhè, we lieten het karretje in het mulle zand ploffen.

'Even uitrusten.' Marscha ging op de onderste tree zitten en bestudeerde haar mouwen. 'Ik hoop dat Jochem op lange armen valt. Ze zijn helemaal uitgerekt.'

'Vast wel.' Ik blies mijn handen warm. 'Hij houdt ook van uitgerekte oorlellen.'

'Oorringetjes zijn hartstikke in, hoor!' riep Marscha verongelijkt.

Ik takelde haar overeind. 'Kom op, voordat mijn vingers eraf vriezen.'

We namen het winkelwagentje weer tussen ons in. Marscha duwde en ik trok, maar de wieltjes zakten diep in het zand en stropten telkens.

'Een kruiwagen was handiger geweest,' mopperde ik.

Bertje rende voor ons uit naar de Strandtent. We ploeterden achter hem aan, tot we eindelijk de trap naar het terras bereikten.

'Stanley en oom Rien mogen hem naar boven dragen,' vond Marscha.

De deur van DST ging al open en Stanley kwam het terras op.

'Had maar even gebeld,' zei hij, zodra hij de volle winkelwagen zag.

Marscha riep Bertje en ik nam het snoer met kerstlampjes vast mee.

'De rest doe ik wel.' Stanley zette de kraag van zijn bodywarmer omhoog. 'Dan kunnen jullie binnen opwarmen.'

Safira, de kokkin van DST, was al naar huis. Ik maakte héél voorzichtig chocomel warm in de brandschone keuken. Stanley en oom Rien droegen het winkelwagentje naar binnen en parkeerden het zolang in de voorraadkast.

'Kom zitten, oompje!' riep Marscha, toen de dampende koppen op tafel stonden. 'Ik moet je iets geweldigs vertellen.'

'Een website,' zei oom Rien hoofdschuddend, toen Marscha haar verhaal had gedaan. 'Ik weet het niet, hoor. Voor mij is al dat computergedoe abracadabra.'

'Je hóéft er ook niks van te snappen.' Marscha legde haar hand op zijn arm. 'Jochem regelt alles.'

'Dat kan wel zijn.' Oom Rien klopte op de zak van zijn werkmansbroek. 'Maar het moet uit míjn portemonnee komen.'

Stanley hield onder de tafel de hele tijd mijn knie vast. Heel stevig, alsof hij bang was dat ik anders weg zou lopen.

Echt niet!

'Tegenwoordig heeft iedereen een website,' drong Marscha aan. 'Anders tel je niet mee.'

Stanley knikte. 'Zeezucht heeft er ook een.'

Slim! Oom Rien had een bloedhekel aan Zeezucht. De strandtent lag even verderop en was dé grote concurrent van DST.

'Vooruit dan.' Hij wreef door zijn dunne haar. 'Laat die Jochem maar komen.'

Marscha gaf haar oom een zoen dat het klapte. 'Ik ga hem meteen bellen.'

Bellen...

'Marie-Fleur!' riepen Stanley en ik tegelijkertijd.

Ik bladerde door het telefoonboek en noemde alle hotels in de omgeving op. Stanley noteerde de nummers op een bierviltje.

In het Grand Hotel logeerde geen Van Banningen.

'Mirabella,' adviseerde Marscha. 'Dat is een poepchique tent.'

Ik toetste het nummer in en kreeg iemand van de receptie aan de lijn.

'Ik wil meneer Van Banningen graag spreken,' zei ik zo volwassen mogelijk.

Het bleef even stil.

'Ik verbind u door met kamer 104,' zei de receptionist toen. 'Ogenblikje.'

Zodra ik de telefoon aan de andere kant weer hoorde overgaan, werd ik zenuwachtig. 'Wat moet ik in hemelsnaam zeggen?'

'Dat Marie-Fleur haar vader wil zien,' zei Stanley op kalmerende toon.

Ik haalde diep adem.

'Ja?' klonk het in de hoorn.

Ik schrok zo erg dat ik meteen ophing.

MAAK JE EIGEN
WEBSITE MET *GLOW*
Snelcursus voor
digibeten

Zoekmachines

Zonder eigen website tel
je tegenwoordig niet meer
mee. Helaas: jij snapt
geen sikkepit van compu-
ters. Je weet hoe je moet
msn'en, maar de rest
klinkt als geheimtaal.
Wat nu? Gelukkig zijn er
een hoop programma's
waarmee je eenvoudig
websites kunt maken,

zoals Frontpage, Dreamweaver of Web. Je kunt een probeerversie
vinden met een zoekmachine (bijvoorbeeld Google).

HTML

Elke webpagina heeft een standaard HTML-code (Hyper Text Markup
Language). Deze opmaaktaal werkt met tags. Een tag is een code die
tussen < > haakjes staat.
Als je een pagina gaat maken, tik je als eerste *<html>* op het scherm.
Daarmee geef je aan dat je in HTML gaat werken.
Je hebt steeds een begintag, daarna typ je je informatie in, en je sluit
af met een eindtag.
Een eindtag is herkenbaar aan een / schuin streepje na het eerste
haakje.

Paginaoverzicht

Boven aan je pagina staat dus: *<html>*
Daaronder komt *<head>* te staan. (Hierin kun je informatie kwijt die
voor de bezoekers van je site niet zichtbaar is.)

20

Dan type je de begintag *<title>* in, en de naam van je document. Je markeert het einde met een eindtag *</title>* en een eindtag *</head>* Vervolgens tik je *<body>* in. Nu kun je de uiteindelijke pagina gaan maken.

Klaar? Dan sluit je het document af met *</body>* en *</html>*.

Bodytag

In de bodytag kun je de eigenschappen van je site aangeven. Welke achtergrondkleur, afbeeldingen, kleurtjes van letters et cetera. Want je wilt natuurlijk wel dat je webpagina er spetterend uitziet!

Op internet

Om je site op internet te zetten, heb je een FTP-programma (File Transfer Protocol) nodig. Je kunt het installeren via het web. Ook moet je je eigen domeinnaam regelen. Dit kan gratis via je mail-account. Enig minpuntje: je bent dan niet geheel vrij in de naam-keuze. Wil je per se zelf bepalen hoe je website heet, dan kun je een officiële domeinnaam laten registreren.

Extra's

Op internet zijn allerlei diensten te vinden om je site op te leuken. Gratis forums, buttons & banners of andere afbeeldingen, een gasten-boek en handige mailformulieren. Of maak een eigen weblog, waar-in je over al je belevenissen vertelt. Klinkt het nog steeds als abraca-dabra? Volg dan een gratis (!) cursus op internet over het maken van een website en nog honderd dingen meer. Wedden dat ook jij straks een web-ster wordt!

Viespeuk 2

'Waarom hing je nou ineens op?' vroeg Marscha verbaasd.

'Deed Van Banningen vervelend tegen je?' Stanley keek al kwaad bij het idee.

'H-hij was het niet,' stamelde ik. 'Er nam een vrouw op.'

'Oooh!' Marscha's mond viel zo ver open dat ik bijna achter in haar keel kon kijken. 'De oude viespeuk! Hij heeft natuurlijk een jonge vriendin aan de haak geslagen.'

Ik zuchtte. 'Arme Marie-Fleur.'

'Zijn jullie niet een beetje snel met je conclusie?' Stanley brak het bierviltje met telefoonnummers in stukken. 'Misschien was het gewoon een kamermeisje.'

'Hmpf,' deed Marscha en ze tikte op haar duikklok. 'Om zeven uur 's avonds, zeker?'

'Dat kan, hoor.' Stanley puzzelde de stukjes weer aan elkaar. 'In een chic hotel vouwt het personeel de dekens voor je open. Soms leggen ze zelfs een chocolaatje op je kussen.'

'Misschien gaat het bij Marie-Fleur thuis ook wel zo.' Marscha grijnsde. 'Ik zie het al voor me, hoe hun butler haar bedje spreidt. Ze mocht haar nagels eens breken!'

Ik was niet in de stemming om te lachen.

'Hoe weet je dat?' vroeg ik aan Stanley. 'Van die dekens.'

Hij sliep nooit in een chic hotel. Op vakantie ging hij altijd kamperen. Kramperen, volgens Marie-Fleur.

Stanley zweeg even. 'Een vriend van mijn ouders heeft een peperduur hotel in de Verenigde Staten,' antwoordde hij toen. 'White Palace. Ik heb er in de vakantie wel eens gewerkt.'

'Wauw, Amerika!' Marscha wipte zo hard met haar stoel dat Bertje een eindje van haar vandaan schoof.

'Jemig, man.' Ik gaf Stanley een por met mijn knie. 'Waarom heb je dat nooit eerder verteld?'

Hij haalde zijn schouders op. 'Gewoon.'

Wat je maar gewoon noemt!

'Ik ga afsluiten!' riep oom Rien vanachter de bar.

Marscha stond op. 'Wat doen we nou met Marie-Fleur?'

'Vertellen of niet vertellen?' mompelde Stanley. Hij tuurde in zijn beker alsof er theebladeren in zaten waaraan hij de toekomst kon aflezen. (Zijn tante Ka kan dat echt!)

'Vertellen,' zei ik stellig. 'Ik zou mijn vader ook willen zien. Al had hij een hárem vol vriendinnen.'

Marscha stapelde de bekers in elkaar. 'Maar morgenvroeg wil ik hier zijn, hoor.'

Vanwege Jochem, natuurlijk.

'We kunnen vanavond bij haar langsgaan,' stelde ik voor.

Na een bord zuurkoolstamppot uit de magnetron fietsten Marscha en ik naar het gigantische landhuis waar Marie-Fleur woonde. Een oprijlaantje met aan weerszijden bomen voerde naar de statige voordeur. De deurknop was een leeuwenkop.

Ik drukte op de bel.

De butler deed open. 'Dames.'

'Hoi, meneer Van Montfoort!' riep Marscha enthousiast.

Hij deed grinnikend een stapje achteruit. 'Jullie komen zeker voor Marie-Fleur? Wacht hier maar even, dan kondig ik jullie komst aan.'

Met 'hier' bedoelde hij de hal, waar twee luie stoelen en een salontafel stonden.

De wachtkamer van onze tandarts was minder luxueus! Ik ging vanzelf heel netjes rechtop zitten.

Marscha zocht tussen de tijdschriften die als een waaier over de tafel waren uitgespreid. 'Pfff, ze hebben niet eens de *Glow*.'

Nee, maar wel een kroonluchter, die vervaarlijk boven mijn hoofd bungelde.

Iemand schraapte zijn keel. De butler. 'Wilt u mij volgen?'

Boven de trap hingen schilderijen van mannen met snorren en

baarden. Ze keken me zo streng aan dat ik er de kriebels van kreeg.

Op de overloop bleef de butler staan en klopte op een deur.

'Ja?' De stem van Marie-Fleur.

Marscha had genoeg van alle poeha en deed open.

We waren in barbieparadijs beland. Roosjesbehang, een hemelbed en een kaptafel met een spiegel in drie delen en honderdduizend priegelspulletjes.

'Heel... eh...' Marscha's ogen dwaalden rond. '...roze.'

En heel koud! Marie-Fleur zat in de vensterbank voor het openstaande raam alsof het hoogzomer was.

'Jakkes.' Marscha kneep haar neus dicht. 'Het stinkt hier.'

Marie-Fleur wapperde met haar linkerhand. Haar anders zo perfecte nagels waren tot op het vel toe afgekloven. Toen zag ik het pas: boven haar rechterhand kringelde rook.

'Zit je te paffen?' vroeg ik stomverbaasd.

'Ssst,' siste ze. 'Straks hoort mijn moeder je nog.'

Ja hoor. Dan moest ze toch minstens afluisterapparatuur geïnstalleerd hebben. De slaapkamer was bijna zo groot als een gymzaal. Je kon zo ver van elkaar af gaan staan, dat je zou moeten schreeuwen om elkaar nog te kunnen verstaan.

Marie-Fleur doofde haar peuk in een roze vaasje, wapperde nog een paar keer met haar hand en sloot toen het raam.

'Roken is vies,' zei ik streng. 'En slecht voor je gezondheid.'

'Weet ik ook wel.' Marie-Fleur ging op haar bed zitten. 'Maar anders word ik hartstikke depressief.'

'Je kunt beter bitterballen eten,' adviseerde Marscha. Dat is volgens haar het beste medicijn tegen teleurstellingen en verdriet.

'En moddervet worden?' vroeg Marie-Fleur geschokt.

Marscha plofte op een zuurstokroze zitzak. 'Nee, lekker dun doodgaan aan longkanker.'

'Ik gá ook stoppen.' De ogen van Marie-Fleur stroomden vol. 'Als mijn ouders het weer hebben goedgemaakt.'

Ik dacht aan de vrouwenstem door de telefoon.

Marscha blijkbaar ook, want ze mompelde: 'Dat kan nog wel even duren.'

Meteen kon ik haar tong er wel afhakken. Er biggelde een traan over de wang van Marie-Fleur.

'We weten waar je vader logeert!' riep ik vlug.

'Echt?' Er verscheen een waterig glimlachje op haar gezicht.

'Hotel Mirabella,' zei Marscha. 'Kamer 104.'

**Problemen met je lijf,
je lover of je ouders?
Vraag Manja om raad!**
(Ook anonieme brieven
worden beantwoord)

Lieve Manja,
Een meisje dat ik ken, heeft problemen. En nu rookt ze! Ze weet dat
het slecht voor haar gezondheid is, maar ze doet het toch. Hoe kan
ik ervoor zorgen dat ze stopt?
Een non-smoker

Lieve non-smoker,
Mensen verzinnen vaak smoesjes om een sigaret op te steken: als be-
loning na een moeilijke klus, omdat het zogenaamd zo gezellig is,
om de zenuwen te temperen bij spannende gebeurtenissen of als
troost. Je kunt iemand niet dwingen om te stoppen. Niet alleen je
lichaam raakt verslaafd; wel of niet roken zit ook tussen je oren. Op-
houden lukt alleen als je het zelf écht wilt. Bij het meisje over wie je
schrijft, lijkt de oorzaak van haar roken bij haar problemen te liggen.
Misschien kun je haar helpen om díé op te lossen. Dan heeft ze geen
sigaretten meer nodig.
Manja

ComCorner

De volgende ochtend wikkelden Marscha en ik zilveren slingers om de balustrade van het terras. Of beter gezegd: ik wikkelde en Marscha speurde voor de honderdste keer het strand af.

'Daar is-ie!' Ze liet acuut alles uit haar handen vallen. 'Hoe zie ik eruit?'

Ik keek naar haar neus, die pimpelpaars zag van de kou. 'Lekker winters.'

Het stipje in de verte werd groter.

'Heeft hij nou een roze muts op?' vroeg Marscha ontzet.

Blijkbaar was ze toch nog niet zo heel erg verliefd.

Ik kneep mijn ogen tot spleetjes. 'Het is Jochem niet, maar...'

'Marie-Fleur!' riep Marscha opgelucht en teleurgesteld tegelijk.

'Ik durf niet zo goed alleen naar mijn vader.' Marie-Fleur nipte van haar warme chocomel. Er bleef een bruine snor op haar bovenlip achter. 'En nou dacht ik...'

'Natuurlijk gaan we met je mee!' riep ik meteen.

Marscha plakte haar neus tegen het raam. 'Om twee uur zijn we klaar met werken.'

'Maar dat duurt nog hartstikke lang,' mopperde Marie-Fleur.

'Je kunt ons helpen met versieren,' zei ik. 'Dan vliegt de tijd zo om.'

'Jóú helpen,' verbeterde Marscha. 'Ik moet Jochem ver... Daar is-ie!'

Bonk!

'Au.' Marscha wreef over haar voorhoofd. Blijkbaar was ze even vergeten dat er glas tussen haar en haar aanstaande verkering zat.

Bertje kwispelde met zijn staart.

'Het is niet leuk, hoor,' zei Marscha.

Stanley en oom Rien hadden op de markt een kerstboom gekocht. Hij kwam bijna tot aan het plafond.

'Doe jij de ballen?' Ik zette de dozen naast Marie-Fleur op de grond.

'Oké.' Ze haalde een pakje Marlboro uit haar tasje. 'Maar eerst even pauze.'

Pauze? Ze had nog geen bal gedaan! Letterlijk.

'Nou, ik ga vast de kerstlampjes boven de bar hangen.' Voordat ik als een paling gerookt word, dacht ik erachteraan.

Ik klom met de lampjes op de keukentrap.

Stanley gaf me steeds een stukje tape aan, zodat ik het snoer kon vastplakken. Hij was zelf ook behoorlijk plakkerig, want hij aaide mijn been en zei telkens: 'Alsjeblieft, schatje.'

Ik lachte. 'Heb je soms iets goed te maken?'

Zijn hoofd kreeg de kleur van een brandweerwagen. Zelfs zijn pukkels werden roder dan normaal.

Ik voelde mijn mondhoeken zakken. 'Wat dan?' vroeg ik nerveus.

'Fay, moet je horen!' gilde Marscha, die met haar kerstengel en oom Rien zat te overleggen. 'Jochem heeft een superidee.'

'Niks,' zei Stanley.

Marscha paradeerde door DST. 'En dan komt hier de computerhoek.'

'Een wireless accesspoint,' legde Jochem uit. 'Zodat iedereen met zijn eigen laptop op internet kan.'

'Msn'en, mailen, meteen je strandfoto's bekijken.' Marscha leek wel een draaitol. 'We hebben ook al een naam bedacht: Com-Corner.'

'En op kerstavond wordt onze website gelanceerd,' zei oom Rien.

'We maken er een megafeest van!' Marscha knielde bij Bertje en kroelde door zijn vacht.

'Zullen we de feestcommissie weer optrommelen?' vroeg Stanley.

De opgewonden stemmen drongen nauwelijks tot me door. Stanleys antwoord echode nog steeds in mijn hoofd: niks, niks, niks. Hij sloeg zijn armen om mijn middel en gaf me een kusje in mijn hals.

Ik wist zeker dat er wél iets was.

**Wat staat er deze week
in de sterren?
Je leest het in de
GLOW-ING
STARS HOROSCOOP**

Schorpioen
24 oktober – 22 november
Ai, deze week zijn er problemen op liefdesgebied.
Je hebt het gevoel dat je vriendje iets voor je verzwijgt. Er is maar één
oplossing: een goed gesprek. Moeilijk? Gewoon even doorbijten.
Met in je eentje blijven piekeren, schiet je namelijk geen sikkepit op.
Regel een afspraakje op een rustige plek. Wedden dat jullie er samen
wel uitkomen?!

Hotel Mirabella

Om kwart over twee fietsten we naar hotel Mirabella.

'Ik sta stijf van de spanning,' kreunde Marie-Fleur. Het leek wel alsof ze op een brommer zat, want ze rookte de hele weg als een knalpijp.

'Het is je vader, hoor,' zei Marscha. 'Niet de koningin.'

Ik reed stilletjes achter hen aan en kon alleen maar aan het rode hoofd van Stanley denken.

Mirabella was inderdaad poepchic. Voor de ingang stond een portier in een uniform met gouden tressen.

'Ik zou ze zilver spuiten,' adviseerde Marscha hem, voordat we de automatische draaideur namen.

Marie-Fleur propte een half pakje kauwgom in haar mond. Ik zei maar niet dat haar kleren nog steeds naar asbak stonken.

Kamer 104 was op de eerste etage. Achter in de lobby ontdekten we tussen twee palmbomen een lift. Marie-Fleur drukte van de zenuwen op het verkeerde knopje, dus gingen we eerst naar de tweede verdieping en daarna pas naar de eerste.

Pling! De deuren schoven open en we liepen de lange gang in.

'Die kant op,' zei Marscha met een blik op de bordjes.

Marie-Fleur had ineens stroop onder haar schoenzolen. 'Als hij nou maar blij is om mij te zien.'

'Natuurlijk wel.' Ik pakte haar hand vast. 'Hij heeft ruzie met je moeder, niet met jou.'

We passeerden een jongen die een tafeltje op wielen vooruit rolde. Op het tafelkleedje stond een emmer vol ijsblokjes met een fles erin.

'Champagne.' Marie-Fleur tuurde naar het etiket. 'Mijn vaders favoriete merk.'

Marscha tikte de jongen op zijn schouder. 'Is dat toevallig voor kamer 104?'

Zodra hij knikte, dook ze op het tafeltje af. 'Dan bezorgen wij het wel.'

Hij frunnikte aan zijn vlinderdas. 'Ik weet niet...'

Maar Marscha wel. 'Toe nou?' Ze deed haar speciale lachje. 'We zijn heus geen terroristen, hoor.'

'Stel je voor!' Marie-Fleur schudde haar lange, blonde haren over haar schouder. 'Ik ga bij mijn vader op bezoek.'

Tegen zo veel vrouwelijke charme was de jongen niet opgewassen. Hij stak zijn armen in de lucht. 'Oké, oké. Ik geef me over.'

Marscha grinnikte. 'Ken je de Strandtent op de boulevard? Met kerstavond geven we een groot feest, dus als je zin hebt...'

De jongen liet zijn armen zakken. 'Met kerstavond moet ik werken,' zei hij sip.

'Jammer,' vond Marscha.

We stonden voor de hotelkamer van meneer Van Banningen.

Marie-Fleur staarde naar de klink zonder een vin te verroeren, dus klopte Marscha op de deur, riep 'Roomservice!' en deed open.

'Hoi pap, ik ben...' Marie-Fleur bleef stokstijf staan en sperde haar ogen wagenwijd open, alsof ze een spook zag.

Marscha en ik gluurden langs haar heen door de deuropening. In de kamer stond geen spook, maar een vrouw met een kanten hemdje aan.

'Dus toch geen kamermeisje,' mompelde Marscha.

Nee, maar de dekens waren wel opengevouwen. Meneer Van Banningen zat op de rand van het bed en knoopte zijn overhemd dicht. Tenminste, dat probeerde hij. Maar zodra hij Marie-Fleur zag, kon hij de knoopsgaten ineens niet meer vinden.

'Lieverd!' Hij sprong overeind. 'Wat doe jij nou hier? Ik wilde niet dat je...' Hij keek naar de vrouw en de paniek vloog over zijn gezicht. Volgens mij had hij haar het liefst onder het bed verstopt.

'Achterbakse rotzak.' Marie-Fleur spuugde de woorden uit.

'Prinses...' Haar vader struikelde bijna over zijn eigen blote voeten, zo vlug liep hij naar de deur.

'Ik ben je prinses niet meer,' zei Marie-Fleur.

Nee, maar wel een ijskoningin. Het leek ineens tien graden onder nul en dat kwam dus echt niet door die emmer met ijsblokjes.

Meneer Van Banningen voelde het waarschijnlijk ook, want ik zag een rilling door zijn lijf gaan. 'Liefje...'

'Ik wil je nooit meer zien!' Met een ruk draaide Marie-Fleur zich om en rende door de gang naar de lift.

Haar vader tuurde hulpeloos naar zijn onderbroek. Een dure Shorty Ulysses van Olaf Benz. 'Marie-Fleur! Wacht!' stuiterde zijn stem door de gang.

Pling! De liftdeuren schoven al dicht.

'Hoe kan ik dit ooit nog goedmaken?' prevelde meneer Van Banningen in zichzelf.

Marscha en ik schuifelden ongemakkelijk met onze voeten.

'Zeg haar alsjeblieft dat het me spijt.' Met afhangende schouders ging hij de kamer weer in en begon zijn broek aan te trekken.

'Wegwezen,' zei Marscha zacht.

We namen de trap, zodat we niet op de lift hoefden te wachten.

Marie-Fleur stond al buiten bij haar fiets en jankte van kwaadheid.

'Je had haar wel even mogen troosten,' zei Marscha verontwaardigd tegen de portier.

Ik gaf Marie-Fleur een pakje papieren zakdoekjes. Bij de derde volle zakdoek kwam de ringtone van een nummer van *Pink* uit haar tas. Ze haalde haar mobieltje tevoorschijn en hield het tegen haar oor. Eén tel. Toen hing ze meteen weer op.

'Je vader?' vroeg ik.

'Ex-vader,' zei ze fel.

33

We dronken troostkoffie in een café tegenover Mirabella. Met bitterballen voor Marscha en een nieuw pakje Marlboro voor Marie-Fleur.

'Ik haat hem,' gromde ze na het zoveelste trekje van haar sigaret. 'Hoe durft hij mijn moeder zoiets aan te doen?'

Marscha knikte. 'Net goed dat ze zijn gsm heeft verzopen.'

In gedachten zag ik meneer Van Banningen weer in de hotelkamer zitten, met IK BEN SCHULDIG in neonletters boven zijn hoofd.

Stanley had er precies zo uitgezien toen ik aan hem vroeg of hij soms iets goed te maken had...

Misschien had hij ook wel met een ander gezoend!

Voor het eerst in mijn leven kreeg ik zin in een sigaret.

**Problemen met je lijf,
je lover of je ouders?
Vraag Manja om raad!**
(Ook anonieme brieven
worden beantwoord)

Lieve Manja,
Help! Een vriendin van mij rookt. Nu ben ik bang dat ik ook ga roken
en verslaafd raak.
Smokescared girl

Lieve Smokescared girl,
Het kan behoorlijk lastig zijn om niet met roken te beginnen. Voor-
al als je omgeving druk op je uitoefent, moet je stevig in je schoe-
nen staan. Mocht je in de verleiding komen, bedenk dan het vol-
gende:
1. *Roken lijkt misschien stoer, maar het is nog veel stoerder om niet*
   mee te lopen met de rest en je eigen grenzen te bepalen.
2. *Zelfs als je nog maar één sigaret gerookt hebt: stoppen! Voor je het*
   weet ben je verslaafd. Hoe langer je doorpaft, hoe moeilijker het
   wordt om ermee op te houden.
3. *Roken is niet alleen slecht voor je gezondheid, maar ook voor je*
   huid en je gebit. Je wilt toch niet op een oude, gerimpelde aardap-
   pel met gele tanden gaan lijken?
4. *Lekker voor je vriendje: kussen met een asbak.*
5. *Als jij rookt, vergas je ook de mensen om je heen. Stel je voor dat*
   ze ziek worden door jouw sigaretten.
6. *Voor het drogen van tabak zijn hoge temperaturen nodig. In arme*
   landen bereiken ze die door het verbranden van hout. Per jaar
   wordt er ongeveer 2,5 miljoen hectare bos gekapt. Ben jij een na-
   tuurfreak? Kappen met roken!
7. *Denk aan het geld dat je bespaart. En aan alle leuke dingen die je*
   daarvoor in de plaats kunt doen of kopen.

Vind je het toch nog moeilijk? Zeg tegen je vriendinnen dat je echt niet wilt roken, zodat ze je niet langer proberen over te halen. Trek in een sigaret? Neem een suikervrij kauwgompje of een stuk fruit. Ga sporten of iets anders doen wat je afleidt.
Good luck!
Manja

De feestcommissie

Bertje kwam ons kwispelend tegemoet.

'En? Hoe ging het?' vroeg Stanley.

Marie-Fleur keek naar de koppen erwtensoep op zijn dienblad.

'Snert.' Met op elkaar geklemde kaken liep ze door.

'We hebben haar vader op heterdaad betrapt met een andere vrouw,' vertelde Marscha.

'Ná heterdaad.' Ik probeerde Stanleys reactie te peilen. Als hij weer rood werd...

'Shit, man,' zei hij zonder blikken of blozen.

Pfff, misschien had ik het me toch alleen maar verbeeld.

Marie-Fleur zat als een zombie naast de kerstboom, in een dikke mist van rook.

'Als je zo doorgaat, krijg je vandáág nog longkanker,' zei ik.

'Kan me niet schelen.' Haar schouders schokten. 'Hoef ik me tenminste niet in zee te verdrinken.'

Zelfs mét sigaretten was ze depressief.

'We moeten haar afleiden,' fluisterde ik tegen Marscha. 'Voordat ze zichzelf echt iets aandoet.'

'De feestcommissie.' Marscha zocht naar haar mobieltje, dat ze met zilveren sterren had versierd. 'Ik vraag of de anderen ook meteen komen.'

Een halfuurtje later kwamen ze alle drie binnen: Said, Karin en Tim.

'Een party in DST? Natuurlijk doen we mee!' rapte Said meteen.

Ik keek verbaasd naar zijn kerstmannenmuts. 'Waar is je petje?'

Said en zijn Ali B-pet zijn normaal gesproken onafscheidelijk. Volgens mij gaat hij er zelfs mee onder de douche.

'Thuis.' Karin aaide over het nepbonten randje. 'De muts is een kerstcadeautje.'

Said knikte stralend. 'Van mijn kerstbengeltje.'

'Zouden ze ook mutsen voor honden hebben?' vroeg Marscha. Bertje legde meteen zijn grote, harige kop op haar schoot.

Marie-Fleur was de enige die niet lachte.

'Is er iets?' vroeg Tim, de teken- en graffitikunstenaar van onze klas.

Said straalde nog meer. 'Ze is natuurlijk jaloers op mijn muts.'

'Marie-Fleur kan er wel honderd van haar vader krijgen.' Karin klonk zelf behoorlijk jaloers. 'Wedden dat hij met kerst weer een verhuiswagen vol pakjes laat voorrijden?'

Marie-Fleur knipperde verwoed met haar wimpers.

'Haar ouders gaan misschien uit elkaar,' zei ik zacht.

'Oeps, sorry.' Karin sloeg haar hand voor haar mond.

'Bagger.' Tim ging naast Marie-Fleur zitten. 'Als je met een expert wilt praten...'

Zijn ouders waren ook gescheiden.

Marie-Fleur schudde haar hoofd en greep naar haar pakje sigaretten.

'Je rookt!' riep Said ontzet.

'Je waagt het niet,' zei Karin strijdlustig. 'Anders knip ik ze één voor één doormidden.'

Weinig kans. Als je Karin een schaar gaf, knipte ze prompt in haar eigen vingers.

Dus vroeg Marscha: 'Zal ik dan de EHBO-doos vast halen?'

Pfff, er verscheen een piepklein glimlachje op Marie-Fleurs gezicht.

Tim en Marie-Fleur zaten over een schetsboek gebogen. Marie-Fleur had de tekst voor het affiche bedacht en Tim tekende er een heleboel kerstengeltjes bij. Dikke en dunne. Cherubijntjes met kerstmutsen en zelfs eentje met lange blonde haren en een sigaretje in haar mond. Marie-Fleur lachte en gaf Tim een por en toen begon ze toch te praten.

'Timtherapie,' zei ik tevreden tegen Stanley.

'Ik moet ook met je...' begon hij.

'In therapie?' vroeg ik.

Hij lachte als een boer met kiespijn. 'Nee, praten.'

Dus toch!

'Broodje kroket!' riep Safira vanuit de keuken.

Stanley keek me verontschuldigend aan. 'Later.'

Ik had meteen weer het gevoel dat er een knoop in mijn maag zat.

'DST so fine. DST online.' Said hiphopte door de ComCorner. Het flosje aan het uiteinde van zijn muts wipte vrolijk op en neer.

'Je moet op kerstavond optreden,' vond Karin.

Marscha knikte. 'Maar dan wel in kerstmannenoutfit.'

Said bevroor midden in een danspasje. 'Ik doe mijn trainingspak dus never nooit niet uit.'

'Echt niet?' Karin knipperde verleidelijk met haar wimpers.

Said was meteen om. 'Voor jou wil ik zelfs wel strippen.'

'Hallo,' zei ik. 'DST is een strandtent, geen nachtclub.'

Oom Rien kwam met een paar pilsjes voorbij. Marscha keek naar zijn bierbuik die boven de band van zijn werkmansbroek uit bolde en zei wat we allemaal dachten: 'Een echte kerstmannenbuik.'

'Hohoho!' riep oom Rien. 'Je denkt toch niet...'

Zelfs zijn 'hohoho' klonk perfect.

'Ik weet het wel zeker,' zei Marscha.

GLOWING FOR CHRISTMAS!

Geen BAL meer in je portemonnee en er toch PIEKfijn uitzien met kerst? *Glow* **vroeg bekende mode-ontwerpers om advies**

Versier jezelf!

Hang niet alle kerstslingers in de kerstboom, maar versier ook jezelf! Een zwart jurkje ziet er nog feeste-lijker uit met goud of zilver langs de mouwen en hals. Knip de kerstslinger op maat en stik hem met zwart garen vast. Succes verzekerd.

Oorballen

Bevestig een paar kleine kerstballen aan de haakjes van oorbellen die je toch niet meer draagt. Pas wel op dat je ze tijdens het zoenen on-der de mistletoe niet plet! Glasscherven kunnen gemene wondjes ver-oorzaken. Onstuimige types kunnen beter plastic ballen gebruiken.

Warm aanbevolen

Praktisch én op en top kerst: draag net zo'n muts als de Kerstman! Ho-ho-heerlijk bij winterse buien. Je kunt ze zelfs kopen met een lichtgevend bolletje aan de punt van de muts. Zit je ook nog extra veilig op de fiets.

Voor meiden die wel van een geintje houden: oorwarmers met een rendiergewei aan de diadeem. Vette concurrentie voor Rudolph.

White christmas

Dreaming of a white christmas, maar het wil maar niet sneeuwen? Ga dan zelf in het wit. Trek witte kleren en witte schoenen aan en je zult stralen als een sneeuwkoningin. Extra spannend met koele blau-we oogschaduw en felrode lippenstift.

Liefdesverdriet

'Morgen breng ik mijn spuitbussen mee,' beloofde Tim.

Ik keek ongeduldig op mijn horloge. Over een kwartiertje moest ik thuis zijn en ik had Stanley nog steeds niet gesproken.

'En dan gaan wij de affiches kopiëren.' Karin knoopte de das van Said steviger om zijn hals.

'Straks wurg je me nog,' zei hij met een piepstem.

Ik kon de feestcommissie zo langzamerhand ook wel wurgen. Ga nou! wenste ik voor de honderdste keer.

'Aansteller.' Karin gaf nog een extra ruk aan zijn das. 'Ik wil gewoon niet dat je kouvat.'

Marie-Fleur stak haar arm door die van Tim. 'Breng jij me naar huis?'

'Schiet nou maar op!' riep ik wanhopig.

Ze gaapten me aan alsof ik een rendier op rode sokken was.

'Ik moet dringend...' Met Stanley onder vier ogen praten! dacht ik. '...naar de wc.'

'Ga dan,' zei Marscha.

Stanley wachtte me al op bij de bar. Hij keek niet blij.

Ik duwde mijn nagels in mijn handpalmen. 'Je wilde me wat vertellen?'

Hij knikte. 'Je zult het niet leuk vinden.'

Het ene na het andere rampscenario flitste door mijn hoofd en ze gingen allemaal over zoenen. Met een ander.

'Ik heb...' begon Stanley.

Safira stak haar hoofd om het hoekje van de deur met het patrijspoortje. 'Stanley, de keuken moet nog gedweild worden.'

'Oké, oké.' Hij zuchtte.

'Ik ontplof als je het nu niet vertelt,' dreigde ik.

Hij haalde diep adem en gooide de zin er in één keer uit: 'Ik heb een baan aangeboden gekregen voor die drie maanden dat DST sluit.'

Hij had niet met een ander...

'Maar dat is geweldig nieuws!' Mijn hart maakte een driedubbele salto. 'Moest je daar nou zo geheimzinnig over doen?'

Hij wipte zenuwachtig met zijn voet. 'Ik durfde het je niet te vertellen, omdat...'

'Stanley!' riep Safira.

Oef, wat had ik zin om haar mond dicht te plakken!

'Omdat wat?' vroeg ik snel.

'Die baan is in White Palace.'

'W-white Palace in A-amerika?' stamelde ik.

'Ja,' zei Stanley. Heel zachtjes, alsof het dan minder pijn deed.

Dus niet.

'Wauw, naar Amerika,' zei Marscha. 'Hoor je dat, Bertje?'

Aan de stang onder haar fietszadel zat een springer, zodat Bertje veilig aangelijnd met ons mee kon draven. Zijn tong hing uit zijn bek.

'Sommige mensen hebben ook altijd geluk.' Marscha nam de bocht. Heel ruim, anders zou Bertje tegen de lantaarnpaal aan kunnen knallen die langs het fietspad stond.

'Geluk?' riep ik uit. 'Het is een megaramp.' Ik dacht aan de nieuwe vrienden die Stanley zou maken. Amerikaanse meisjes waren vast veel interessanter dan ik. En hij zou het druk krijgen, veel te druk om te msn'en of mailen, en dan zou hij me vergeten en...

Mijn ogen schoten vol.

'Sorry,' zei Marscha meteen. Ze aaide mijn want met haar handschoen. 'Voor jou is het natuurlijk balen.'

Mijn stem was net zo dik als mijn keel. 'Drie maanden is hartstikke lang.'

'Welnee,' zei ze troostend. 'En je hebt mij toch? We gaan allemaal leuke dingen doen, dan vliegt de tijd voorbij.'

Zonder Stanley was zelfs Walibi World niet leuk.

'Ik heb nu al liefdesverdriet,' fluisterde ik.

'Kom op, Fay.' Marscha's troostpotje was ineens leeg. 'Je doet net alsof hij het heeft uitgemaakt. Hij gaat alleen maar even weg, hoor.'

'Even?' Ik stikte bijna van zelfmedelijden. Hoe kon Marscha zo ongevoelig zijn?

'Je stelt je echt een beetje aan,' vervolgde ze toen ook nog. 'Zo duw je jezelf alleen maar dieper in de put.'

Stelt je aan??? Ik voelde iets tussen mijn wenkbrauwen knappen. 'Jij hebt gemakkelijk praten!' hoorde ik mezelf schreeuwen. 'Jochem gaat niet naar Amerika en, en...' – ik was als een te strak opgedraaide veer en kon niet meer stoppen – '...jij weet niet eens wat liefde ís. Morgen ben je Jochem al vergeten en dan neem je gewoon weer een ander, zoals je altijd doet.'

Marscha keek van me weg.

'Marie-Fleur zou het wel snappen. Zij geeft net zoveel om haar vader als ik om Stanley en...'

Marscha draaide zich om. Haar gezicht was bijna doorschijnend. 'Ga je lekker op Stanley afreageren,' zei ze bits. 'Of uithuilen bij Marie-Fleur, als zij je zo goed begrijpt.'

Voordat ik met mijn ogen kon knipperen, ging ze op haar trappers staan en fietste keihard van me weg. Bertje moest moeite doen om haar bij te houden.

Verdwaasd stapte ik af en staarde naar het rode achterlicht in de verte. Het werd kleiner en kleiner. Achter me claxonneerde een auto. Ik besefte ineens dat ik midden op de weg stond en sleepte mijn fiets naar de kant.

Stelletje lekkere vrienden had ik. Ze lieten me allebei gewoon in de steek.

De vrieskoude wind striemde zo hard tegen mijn vochtige wangen, dat het leek alsof er een ijslaagje op kwam.

Problemen met je lijf, je lover of je ouders? Vraag Manja om raad!

(Ook anonieme brieven worden beantwoord)

Lieve Manja,

Mijn vriendje gaat voor drie maanden in Amerika werken. Ik ben hartstikke verdrietig omdat ik hem zo lang moet missen en heb nu al heimwee. En juist op het moment dat ik mijn beste vriendin het hardst nodig heb, zegt ze dat ik me aanstel! Ze vindt dat ik leuke dingen moet gaan doen en niet zo moet sippen. Ze snapt me gewoon niet! Hoe kan ik haar duidelijk maken dat zijn vertrek voor mij echt een megaramp is?

Treurwilgje

Lief Treurwilgje,

Ik kan me voorstellen dat je ervan baalt dat je vriendje weggaat. Maar je vriendin heeft wel een beetje gelijk. Je hebt er niks aan om al die tijd te gaan zitten kniezen. (Ook niet leuk voor je vriendje!) Dan duren de dagen zonder hem alleen maar langer. En het heeft ook voordelen dat jullie elkaar een poosje niet zien. Straks hebben jullie elkaar een hoop te vertellen en is het extra fijn en bijzonder als jullie weer bij elkaar zijn. Dan lijkt het net alsof je pas verkering hebt en ben je helemáál superverliefd. Bovendien: als je vriendje merkt dat je ook nog een eigen leven hebt en niet compleet afhankelijk van hem bent, word je alleen maar interessanter en zal hij nog harder zijn best voor je doen.

Girlpower!

Manja

Liever zoenen

Ik zat op mijn slaapkamer met mijn rug tegen de loeiende verwarming. Mijn trui schroeide zo ongeveer achter me vandaan, maar vanbinnen bleef ik ijskoud.

Waarom belde Marscha nou niet?

Waarom bel je zelf niet? fluisterde een irritant stemmetje in mijn hoofd.

Ja hallo, wie was er begonnen met kwetsen?

Nee, jíj deed aardig, zeurde het stemmetje.

Tammy, mijn rat, was bezig met haar gymnastiekoefeningen. Ze rende door mijn mouwen, klom over mijn benen en balanceerde op mijn tenen als een koorddanseres. Zelfs dat kon me niet opvrolijken.

Waarom ging de telefoon nou niet over? Ik probeerde telepathische stralen door mijn kamervloer naar beneden te sturen, maar het enige geluid dat ik hoorde was het gebrom van een scooter op straat.

Tammy trippelde over mijn schouder en klom in mijn haar. Ze gebruikte mijn hoofd als trampoline en wipte op de vensterbank. Gekrabbel op de ruit. Piep-piep.

'Wat is er?' Ik ging staan en keek door het raam. Mijn hart maakte een sprongetje.

De scooter draaide ons tuinpad op. Stanley!

'Sorry, Tam.' Ik zette haar vlug terug in haar Rattenpaleis en holde op mijn sokken naar de overloop.

Mijn zus Evi had al opengedaan. 'Vet coole scooter,' hoorde ik haar op een slijmerig toontje zeggen.

'Kom maar naar boven!' riep ik halverwege de trap tegen Stanley. Evi zette meteen haar voet op de onderste tree.

'Jij niet,' zei ik.

Ze bleef met haar rug tegen de leuning staan en vroeg nieuwsgierig: 'Jullie gaan zeker zoenen?'

Ik schaamde me rot, maar Stanley antwoordde kalmpjes: 'Zeker weten.'

Niet dat we daar voorlopig de kans toe kregen, want mijn moeder kwam de gang in.

'Stanley, wat leuk.' Ze pakte zijn helm aan en legde hem op de kapstok. 'Jij lust vast wel een kopje koffie.'

'Ma-ham!' Ik seinde met mijn ogen.

'Eén kopje kan toch wel?' vroeg ze onnozel.

Dus zaten we even later in de woonkamer met het hele gezin.

Het was nog erger dan nablijven op school! Mijn vader legde zijn krant weg en bestookte Stanley met vragen. Of dat nou een beetje verdiende als seizoenskracht. Of hij nog plannen had om later...

Later. Ik haatte Amerika.

'Doe normaal, pap,' zei ik met een rood hoofd. 'Stanley is niet op sollicitatiegesprek.'

Mijn vader liet een suikerklontje in zijn koffie glijden. 'Ik mag toch wel weten aan wie ik mijn dochter toevertrouw?'

Hallo-ho. Alsof Stanley en ik morgen in het huwelijksbootje zouden stappen.

'Fay heeft wel een beetje gelijk, Frank.' Mijn moeder gaf me een knipoog en stopte snel een koekje in mijn vaders mond, zodat hij wel móést zwijgen.

'Zullen we naar mijn kamer gaan?' vroeg ik zodra Stanleys kopje leeg was.

Toen wilde mijn jongste zusje Carlijn ineens al haar speelgoedautootjes laten zien.

'Ander keertje,' zei ik.

'Ze willen liever zoenen,' legde Evi uit.

Ik gaf haar een schop onder de tafel.

'Nou moe, het is toch zo?' Ze maakte smakkende geluiden. Zooo irritant.

'We gaan naar boven!' Ik was bijna in staat om Stanley aan zijn nekvel mee te slepen.

'Woef!' deed Evi.

Maar gelukkig ging Stanley toch gewoon mee.

'Familie.' Ik liet me kreunend op mijn bed vallen.

Stanley grinnikte. Toen ging hij naast me zitten en pakte plechtig mijn hand. 'Ik moet je iets belangrijks vertellen.'

Alweer? Mijn maag zat meteen achter in mijn keel.

'Iets leuks.' Hij draaide aan de ring om mijn vinger. 'Ik heb besloten...'

Watdanwatdan? Ik wilde dat ik de woorden uit hem kon trekken.

'...om niet naar Amerika te gaan.'

Dit kon niet waar zijn. Mijn oren waren vast stuk.

Waarschijnlijk zag ik er vreselijk oenig uit, want Stanley vroeg: 'Heb je me wel gehoord?'

'J-je gaat niet in White Palace werken?' stamelde ik.

Hij moest drie keer knikken voordat ik het geloofde. Toen vlogen mijn armen om zijn hals en gaf ik hem een tongzoen die wel vijf minuten duurde.

BEROEMDE ZOENEN
De showbizz-kiss-show
van *Glow!*

Tongzoen

Madonna heeft met haar optreden
tijdens de MTV Music Awards
heel wat tongen losgemaakt.
Voor een volle zaal begon ze te
tongzoenen met Britney Spears!
Toen haar dochtertje vroeg waarom ze het gedaan had, vertelde Madonna het volgende: 'Ik ben een moeder-popster en Britney een
baby-popster. Met die kus geef ik mijn energie aan haar door.' Van-
daar dat het zo knetterde!

Doodskus

De kranten stonden er vol van: de beroemde pindakaaskus. Een vijf-
tienjarig meisje zoende met haar vriendje en moest dit met de dood
bekopen. Wat bleek? Hij had een boterham met pindakaas gegeten
en wist niet dat zíj een notenallergie had. Tragisch!

Koninklijke zoen

Doornroosje moest honderd jaar (gaap!) slapen voor haar sprookjes-
prins haar eindelijk wakker kuste. Kate Middleton hoefde heel wat
minder lang te wachten. In een Zwitsers skioord, tijdens het afdalen
van een helling, sloeg de Engelse prins William zijn arm om haar
heen en gaf haar een lange, langzame sneeuwkus. Deze *royal show
in the snow* werd natuurlijk meteen op de gevoelige plaat vastgelegd.
Helaas is de liefde daarna snel bekoeld. Het paar ging als goede
vrienden uit elkaar. No more kizzies. Hoewel er geruchten gaan...

Luchtzoen

Een celebrity die graag anoniem wil blijven, kuste de stewardess in
zijn privéjet. Ze was niet van zijn losse lipjes gediend en gaf hem een
oplawaai van jewelste. Tja, kusjes vragen is soms ook vragen om
moeilijkheden...

Kussen voor het goede doel

Tijdens de *Hollywood 100 auction* (voor *Project Angel Food*) kon je geld bieden voor een lunchdate met Tom Cruise. Actrice Sharon Stone ging nog een stapje verder en stelde voor de veiling een zoen beschikbaar. De hoogste bieder mocht een minuut met haar kussen. De opbrengst van 56.000 (!) dollar was bestemd voor mensen met aids. Om te zoenen, die Sharon!

www.destrandtent.com

Zodra Stanley naar huis was, belde ik Marscha.

'Sorry,' zei ik, terwijl ik in- en ingelukkig met mijn tenen wiebelde en met mijn vingers trommelde – want Stanley ging niet weg, níét weg. 'Het spijt me dat ik zo rottig tegen je deed en dat ik al die dingen over jou en Jochem heb gezegd. Ik wil helemaal geen ruzie en...'

Marscha zweeg. Maar ze was er nog wel, want ik hoorde haar ademen.

'Vrede?' vroeg ik.

'Ik weet heus wel wat liefde is,' mopperde ze. 'Waarom denk je dat ik al vijftien jaar je vriendin ben?'

Ik gloeide van schaamte en blijdschap.

'En vertel nou maar eens waarom je zo vrolijk bent,' vervolgde ze.

Marscha was al net zo helderziend als tante Ka.

'Stanley gaat niet naar Amerikaaaah!' zong ik.

'Niet?'

Ik schudde mijn hoofd. Toen drong het pas tot me door dat Marscha geen telefoon met beeldscherm had. 'Nee, hij beseft nu ook dat we elkaar niet zo lang kunnen missen.'

'Oh,' was Marscha's commentaar.

Oh, dacht ik. Mag het ietsje enthousiaster, ja? Maar het was net weer goed en dat wilde ik niet verpesten, dus vroeg ik: 'Heb je nog iets van Jochem gehoord?'

Haar stem was meteen niet meer afgemeten. 'De site is klaar. Ik heb gezegd dat we morgen bij hem thuis komen kijken.'

Ik nam me voor om een paar plastic bekers uit de keuken van DST te pikken.

De volgende dag was de lucht ijsblauw en scheen er een stralende zon. Achter de ramen van DST leek het bijna zomer. Bertje lag in een vlekje zonlicht naast de kerstboom te soezen.

In de ComCorner werd hard gewerkt aan een draadloze verbinding. Jochem had een handige jongen met een koffer vol tangetjes en draadjes gestuurd. Hij zat op zijn knieën en was bezig met een kastje aan de muur.

'Lekker kontje,' fluisterde Marscha.

'En Jochem dan?' vroeg ik hoofdschuddend.

'Ik mag toch wel kijken?' Ze legde zakjes suiker naast de theeglazen op haar dienblad. 'Als ik er nou in knéép.'

De deur van de Strandtent woei open en de feestcommissie kwam met stampende voeten binnen.

'Koud!' klaagde Tim. 'Mijn vingers moeten eerst een halfuur ontdooien voordat ik aan de slag kan.' Zijn rugzak rammelde van de spuitbussen.

Karin deed haar Mickey Mouse-oorwarmers af en legde een dikke plastic tas op tafel. 'We hebben honderd affiches gekopieerd.'

'Helemaal toppie, dankzij Copyshoppie,' rapte Said.

Marie-Fleur zag er helemaal niet toppie uit. Haar ogen waren pafferig rood, ondanks de blauwe oogschaduw die ze eroverheen had gesmeerd. Ze ritste haar jas los en ging op een stoel zitten. 'Ik moet echt een sigaret, hoor. Het is thuis oorlog.'

'Als je durft te roken, wordt het pas echt oorlog,' zei Karin dreigend.

Marscha zette vlug een kop koffie bij Marie-Fleur neer. 'Hier, bakkie troost.'

'Ik lust wel een Fanta!' riep Karin naar Stanley, die achter de bar stond.

'Met een rietje voor mijn grietje.' Said gebruikte zijn sjaal als lasso om haar te vangen en op zijn schoot te trekken.

'Jemig, blijven jullie eeuwig verliefd of zo?' zei Marie-Fleur geïrriteerd.

Ik zag iets in haar ooghoek glinsteren.

'Is het zo erg met je ouders?' vroeg ik.

'Mijn vader gaat een advocaat inschakelen,' antwoordde ze met een brok in haar keel. 'Hij wil het huis verkopen.'

'Kasteel, bedoel je,' flapte Karin eruit.

Marie-Fleur hoorde het niet eens. 'En mijn moeder krijgt alleen maar een beetje alimentatie. Hij zegt dat ze al lang genoeg van zijn geld heeft geprofiteerd en maar een baantje moet zoeken.' Ze roerde zo onbeheerst in haar koffie dat haar kopje nog net niet van het schoteltje vloog.

'Zijn ze dan niet in gemeenschap van goederen getrouwd?' vroeg Tim, de scheidingexpert.

Marie-Fleur schudde haar hoofd. 'Straks zit ik met mijn moeder op een of ander armzalig flatje en moeten we voortaan boodschappen bij de C1000 doen.'

'Wij doen altíjd boodschappen bij de C1000,' zei ik.

Marscha knikte grijnzend. 'Net als een miljoen andere mensen en die leven ook allemaal nog.'

'Weet ik ook wel.' Marie-Fleur was eindelijk uitgeroerd. 'Maar die zijn het gewend.' Ze zuchtte dramatisch en nam een slok.

Tim begon zijn rugzak uit te pakken. 'Je kunt toch ook bij je vader gaan wonen?'

'Bij dat méns, zeker?' Marie-Fleur verslikte zich bijna. 'Geen haar op mijn hoofd!'

'Welk mens?' vroeg Karin nieuwsgierig.

Ik vertelde wat er in hotel Mirabella was gebeurd.

'Oooh!' riep Karin. 'Ik zou haar in mootjes snijden.'

Na de lunch belden Marscha en ik bij Jochem aan. Het duurde vijf minuten voordat hij eindelijk opendeed.

'Wat een welkom, maar niet heus,' zei Marscha zogenaamd beledigd.

'Sorry, ik zat op de wc.' Hij gaf een tik tegen het winkelwagentje dat weer op zijn vaste plaats stond. Alleen lagen er nu een geplet bierblikje en een slablaadje in. 'Kom boven.'

Ik nam de trap met losse handen.

Het was nog steeds een bende op zijn kamer, maar zijn bureau was opgeruimd. De laptop stond aan en op het scherm dansten twee stripfiguurtjes.

Marscha rukte zo ongeveer mijn mouw uit mijn jas. 'Dat zijn wij!'

'Ik heb aan Tim gevraagd of hij jullie wilde tekenen,' zei Jochem. 'Oom Rien staat er ook op.' Hij klikte met de muis en *ploink*, daar verscheen een poppetje met een dikke buik en een werkmansbroek. Uit zijn mond plopte een spreekwolkje met BELEEF HET MEE IN DST erin.

Marscha en ik kwamen niet meer bij.

Jochem loodste ons al klikkend door de website. 'Menukaart. Adres en openingstijden. Agenda. Fotoalbum. Logboek. Een quiz en een beachballspel. Dit is voortaan allemaal te vinden op www.destrandtent.com.'

'Wauw,' fluisterde Marscha.

Ik knikte. 'Honderd keer leuker dan die van Zeezucht.'

'Er moet alleen nog muziek onder,' zei Jochem.

'Dat is iets voor Said!' Marscha viste haar mobieltje uit haar zak. 'Ik ga hem meteen bellen.'

Jochem liep naar het viezige keukenblok. 'Drankje? Om het te vieren.'

Shit, ik was vergeten om wegwerpbekertjes mee te nemen.

'Hoi, Said,' tetterde Marscha in de hoorn. Lekker, gebaarde ze naar Jochem.

Jochem maakt het koelkastje open en toverde met een trots gezicht een miniflesje champagne tevoorschijn. 'Speciaal voor deze gelegenheid gekocht.'

Ik durfde geen 'nee' meer te zeggen.

Toen kreeg ik een lumineus idee. Ik moest ervoor zorgen dat ik het glas kon schoonvegen voordat Jochem inschonk!

'Ik help je wel even,' zei ik vlug. 'Waar staan de glazen? Hier?' Ik maakte op goed geluk een kastdeurtje open.

Jochem duwde het zo snel dicht dat mijn vingers bijna geplet werden.

'Sorry,' zei hij vlug. 'Maar ik heb een lekkage gehad en nu groeit er een zwam in dat kastje, zooo groot, dat wil je niet weten.'

Dat wilde ik inderdaad niet weten!

'Glazen?' vroeg ik.

Hij wees. 'Tweede kastje links.'

**Problemen met je lijf,
je lover of je ouders?
Vraag Manja om raad!**
(Ook anonieme brieven
worden beantwoord)

Lieve Manja,
M.F. heeft altijd een luxeleventje geleid, maar moet het nu ineens met
veel minder doen. Heb jij tips voor meiden met te weinig zakgeld?
Spaarvarkentje

Lief Spaarvarkentje,
Met een beetje creativiteit kun je heel wat poen besparen.
* *Ga alleen shoppen als het uitverkoop is en neus ook eens in tweede-*
  handszaakjes. Daar hangen vaak de leukste kleren voor weinig geld.
* *Het is even oefenen, maar veel sieraden kun je zelf maken. Je hebt*
  alleen draad en geinige kraaltjes of schelpjes nodig. Fabriceer je
  eigen ketting of armband. Nog origineel ook!
* *Kies een kapsel dat weinig onderhoud vergt. Lang haar kun je zelfs*
  door je moeder of vriendin laten knippen.
* *Is er iemand jarig? Koop dan geen dure cadeautjes maar geef iets*
  persoonlijks. Als je handig bent, knutsel je zelf iets in elkaar (ver-
  sier bijvoorbeeld een doosje met veertjes en spiegelscherven). Of
  nodig iemand uit voor een picknick, fietstocht of verwendag (ver-
  zamel van tevoren gratis crème- en make-upmonstertjes).
* *Geef je een feestje of heb je een onstuitbare zin in snoep? Huis-*
  merken zijn meestal veel goedkoper dan de merken die je kent
  van de televisiereclame. En ze smaken echt niet minder, hoor! Kijk
  in de supermarkt ook eens in de onderste schappen. De duurste
  spullen liggen namelijk heel slim op ooghoogte.
* *Heb je ondanks al deze bezuinigingen toch nog te weinig geld?*
  Neem een bijbaantje!
Manja

Kerstavond

Over een uurtje zou het websitelanceringsfeest beginnen. Iedereen was er al, behalve Marscha.

'Waar blijft die meid?' vroeg Safira chagrijnig. 'Ze heeft beloofd om voor de kerstkransjes te zorgen.'

'Ze zit bij de kapper,' antwoordde ik met een verbaasde blik op Safira's rode hoofddoek. 'Je had net toch een blauwe om?'

'Nee hoor, een gele,' zei Stanley, die een heleboel glazen klaarzette.

'Het is de derde al.' Safira rukte aan de stof. 'Ze willen maar niet zitten vandaag.'

Op dat moment kwamen Marscha en Bertje binnen. Ik wist niet wat ik zag! Bertje had een zilveren slinger om zijn hals en Marscha...

'Je háár!' riep ik.

'Ik heb nog liever een bad-hoofddoekday dan zo'n bad-hairday,' zei Safira geschokt.

'Hoezo *bad*?' Marscha draaide een rondje als een mannequin. 'Lekker opvallend toch?'

Dat kon je wel zeggen! Haar haren waren net zo zilver als Bertjes slinger. Ze leek weggelopen uit een sciencefictionfilm.

Ik moest eraan voelen om het te geloven. 'Het is keihard!'

'Ze hadden geen zilveren haarverf, alleen maar glittergel.' Marscha hield haar hoofd raar rechtop, alsof ze bang was dat haar nek anders doormidden zou knakken.

'En hadden ze ook kerstkransjes?' vroeg Safira.

Marscha zette een grote zak op tafel.

Said en Karin kwamen uit de wc-ruimte. Ze hadden samen zijn danspasjes nog eens doorgenomen.

'Gaaf!' riep Karin, zodra ze Marscha's nieuwe haar aanraakte. 'Daar kun je iemand een blauw oog mee slaan.'

'Zo, die hangt.' Tim had een doek die de letters ComCorner moest verbergen tegen de wand gedrapeerd en klauterde de keukentrap af. Straks zou oom Rien hem met een touwtje wegtrekken en de computerhoek onthullen.

Marie-Fleur hing als een dweil aan een hoekje van de bar. Haar gezicht stond op honderd dagen onweer.

'Hé,' fluisterde ik. 'Probeer nou een beetje van het feest te genieten.'

Oom Rien liep ineens zenuwachtig rond in zijn kerstmannenpak. 'Heeft iemand mijn baard gezien?'

Bertje lag er onder de kerstboom mee te spelen.

'Hohoho, vriend,' zei oom Rien. 'Het is geen konijntje.'

Maar vijf minuten voor openingstijd waren we dan toch eindelijk allemaal klaar om de gasten te ontvangen.

Jochem was de eerste. Marscha huppelde meteen op hem af en toverde een takje mistletoe uit haar broekzak. 'Welkomstzoen.'

'Geinig,' zei Jochem.

Ik wist niet of hij haar haren of de zoen bedoelde. Misschien wel allebei, want hij kuste haar meteen op haar mond.

Misschien moest ik ook maar wat mistletoe aanschaffen. Ik was heel blij dat Stanley niet naar Amerika ging, maar het had ook zijn nadelen. Hij was niet half zo plakkerig meer!

Doenk, doenk, deden de luidsprekers. DST was bommetjevol. Er werd gedanst en gegeten. Safira had grote pannen erwtensoep gemaakt en schepte aan de lopende band koppen vol. Marscha en ik brachten ze rond.

Om vijf voor tien was het zover. Oom Rien zette de muziek uit, liep naar de computerhoek en rammelde met zijn kerstmannenbel. Het werd langzaamaan stil.

'Dan is nu het moment aangebroken,' zei hij plechtig. 'De onthulling van...' Hij trok aan het touw. De doek die Tim had opgehangen viel met een plof op de grond. '...de ComCorner van DST!'

Zodra het *piece* van Tim tevoorschijn kwam, begon iedereen te klappen. Het zag er dan ook schitterend uit. De letters waren net vlammen en liepen over van geel naar rood.

Jochem plantte een laptop neer en toetste www.destrandtent.com in. 'En dit is onze gloednieuwe site.' Hij gaf een demonstratie van alle mogelijkheden en weer klonk er applaus.

'En dan krijgen we nu een optreden van Smashing Said!' Karin knalde een cd in de speler. Een harde beat kwam uit de boxen.

'Waar is Said eigenlijk?' vroeg Stanley.

Marscha en ik keken elkaar aan. Hij had zich natuurlijk weer in de wc verstopt. Die jongen had altijd en eeuwig plankenkoorts. We gingen vlug naar de heren.

Ja, hoor. Said stond met een bleek gezicht tegen de muur aan geleund.

'Schiet nou op, iedereen staat te wachten,' zei Marscha.

Hij bleef als een wassenbeeld staan. Dus haakte ik mijn arm in zijn linkerarm en Marscha de hare in zijn rechter.

'Je kunt het best,' praatte ik hem moed in. 'Je hebt al zo vaak opgetreden.'

We wisten hem een eindje mee te trekken, maar toen bevroor hij weer.

'Je kunt oom Rien toch niet in de steek laten?' slijmde Marscha. Pfff, hij liet zich weer meesleuren. Tot we bij de deuropening kwamen.

'Ik wil nie...'

Te laat. Marscha en ik gaven hem een flinke duw en toen stond hij ineens naast de bar. Het publiek gaapte hem verwachtingsvol aan. Karin duwde hem een microfoon in zijn handen en fluisterde iets in zijn oor.

Hij friemelde aan zijn kerstmuts en zette toen aarzelend in: 'DST so fine...'

Je danspasjes! gebaarde Karin.

'DST online.' Hij draaide met zijn heupen en meteen aapten een paar meiden hem na.

Zelfs Marie-Fleur!

'Nu komt het helemaal goed,' zei Marscha tevreden.

GLOWS RECEPT VAN DE WEEK
Het is weer snertweer!
Zo maak je heerlijke
erwtensoep met worst

Wat heb je nodig?
1 pak spliterwten
3 liter water
1 aardappel
1 ui
2 dikke preien
6 maggiblokjes
6 ons platte rib of karbonade
1 rookworst

Hoe maak je het?
Was de erwten en doe ze in een grote pan.
Doe het water en het vlees erbij en breng alles aan de kook.
Verwijder eventueel het teveel aan schuim met een schuimspaan.
Zet de pan op de kleinste pit en laat alles twee uur zachtjes koken.
Haal het vlees uit de pan.
Snijd het vlees, de aardappel, de ui en de prei in kleine stukjes.
Doe ze samen met de maggiblokjes in de pan.
Laat de soep op de kleinste pit nog een uurtje zachtjes doorkoken.
Snijd de rookworst in plakjes en voeg die toe.
Nog even laten opwarmen en dan is je soep klaar.

Smakelijk eten!

Blije gup

Het optreden van Said was een groot succes. Zodra hij zijn zenuwen vergat, rapte hij de kerststerren van de hemel.

'We want more!' riep het publiek.

Hij deed nog een nummertje en daarna nam Shakira het over. Nou ja, haar cd dan.

Marie-Fleur vloog Said om de hals. 'Je bent nog beter dan Ali B.'

'Beter dan tien Ali B's,' zei Karin, die er apetrots bij kwam staan.

'Jullie zijn allebei geweldig.' Marie-Fleur omhelsde Karin nu ook. 'Als ik jullie niet had...'

Marscha en ik keken elkaar verbaasd aan. Marie-Fleur was van een depressieve kettingrookster in een blije gup veranderd!

'Zou ze stiekem gedronken hebben?' vroeg Marscha.

Ik haalde mijn schouders op. 'Volgens mij zat ze gewoon aan de ijsthee.'

'Met een tic dan toch zeker?' Marscha sleurde me mee. 'Kom, we gaan even ruiken.'

Ruiken! Ze leek Bertje wel.

'Hé.' Marie-Fleur gebruikte nu Marscha als knuffelpaal. 'Wat een gaaf feest, hè?'

Marscha knikte, met haar neus vlak bij de mond van Marie-Fleur. Daarna maakte ze zich los en schudde nauwelijks merkbaar haar hoofd.

Het kwam dus niet van de alcohol. Maar waarom deed Marie-Fleur dan zo klef?

'Hoi, Fay!' Ze kwam tegen me aan hangen. 'Heb ik je al wel eens verteld dat ik je echt een supervriendin vind?'

'Doe even normaal,' zei Karin vol afschuw. 'We zijn hier niet op de EO-jongerendag.'

'Je hoeft niet altijd zo stoer te doen.' Marie-Fleur keek haar glim-

lachend aan. 'Ik weet best dat je diep vanbinnen vol liefde zit.'
Ze is in shock, dacht ik. Sommige mensen konden na een trauma-
tische gebeurtenis ineens heel raar gaan doen, dat had ik wel eens
ergens gelezen.
'Misschien moet je even gaan zitten,' stelde ik voor.
'Eerst met Bertje kroelen.' Ze verdween met een gelukzalige blik
achter de bar, waar Bertje op zijn kussen lag te slapen.
'Wat heeft Marie-Fleur? Ze is zo gek als een deur,' rapte Said.
'Weet ik het?' Marscha gluurde langs de tap. Waarschijnlijk om te
controleren of Marie-Fleur Bertje niet per ongeluk doodknuffelde.
'Straks gaat ze nog van die hippiejurken dragen,' zei Karin. 'Met
bloemetjes op haar wangen.'
Safira stak haar hoofd om het hoekje van de keukendeur. 'Moet ik
hier alles alleen doen?' mopperde ze.
'Make love and peace.' Said stak twee vingers op. 'No war.'

Zodra alle gasten naar huis waren, begonnen we met opruimen.
Alleen Marie-Fleur stond nog steeds met Tim op de dansvloer.
Zelfs op hoge hakken kon ze geweldig jumpen.
'Ik kan niet meer,' zei Tim toen het nummer was afgelopen.
'Ah, toe nou?' smeekte Marie-Fleur. 'Eentje nog, ik heb nog hart-
stikke veel energie.'
Marscha zette de muziek uit. 'Mooi zo, dan kun je Karin helpen
met glazen ophalen.'
Stanley poetste de bar. Het drong ineens tot me door dat hij de
hele avond wel erg stilletjes was geweest.
'Vond je het wel een leuk feest?' vroeg ik.
'Ja hoor.' Zijn lange pony hing voor zijn ogen. 'Ik ben alleen een
beetje moe.'
'Als je mond-op-mondbeademing nodig hebt?' bood ik aan.
Hij was echt moe, want hij gaf me geen zoen.
Ik probeerde me niet afgewezen te voelen. Het was ook best een
vermoeiende avond geweest. En hij ging niet naar Amerika, dus
we hadden we nog alle tijd om te kussen.

Ik haalde een emmer water, een doekje en een dweil om de wc's schoon te maken. Jakkes, wat hadden ze er weer een puinhoop van gemaakt. Er lag van alles op de grond. Papieren handdoekjes, een stukje kerstslinger, een snoepje, een lege aansteker en een paar peuken. Ik mikte alles in de prullenbak en bracht die via de keuken naar buiten. Achter DST stond een container, waar ik alles in kieperde.

Iemand had weer een cd in de speler gemikt. Door de openstaande deur hoorde ik George Michael zingen: 'Last Christmas, I gave you my heart...'

Ik wist niet waarom, maar ik had ineens zin om een potje te huilen.

**Problemen met je lijf,
je lover of je ouders?
Vraag Manja om raad!**
(Ook anonieme brieven
worden beantwoord)

Lieve Manja,
Soms kan ik me ineens heel verdrietig of chagrijnig voelen. Om de stomste dingen. Dan heb ik het idee dat niemand me begrijpt of echt om me geeft. Ik haat die stemmingswisselingen. Weet jij wat ik ertegen kan doen?
Een depri meisje (16 jaar)

Lief depri meisje,
In de puberteit verandert je lichaam. Dit wordt op gang gebracht door je hormonen. Dat zijn chemische stofjes die invloed kunnen hebben op je gevoelens. Het ene moment ben je nog supervrolijk en dan ineens zit je in de put of word je kwaad om niks. Lastig voor jezelf en voor je omgeving. Probeer je niet op de mensen om je heen af te reageren. Zij kunnen er echt niks aan doen. Ga rennen of dansen of doe een andere lichamelijke activiteit waarbij je je energie en boosheid kwijt kunt. Ben je juist verdrietig, dan kan het opluchten om even lekker te huilen. Of schrijf het van je af in je dagboek (kun je heerlijk klagen en zielig zijn, zonder dat anderen er hinder van hebben) of laat je opvrolijken door je vriendin. Gelukkig komen je hormonen na een tijdje vanzelf weer tot rust en zullen de stemmingswisselingen minder worden.
Manja

Cool

Eerste kerstdag vloog voorbij. Mijn vader had heerlijk gekookt. We deden allerlei spelletjes – mijn moeder won met hints, wat we nog uren moesten aanhoren – Evi at zich misselijk aan kerstkransjes en Carlijn trok de kerstboom bijna omver toen ze er haar knuffels in wilde hangen. En we keken honderd kerstfilms, want er was niets anders op tv.

Op tweede kerstdag ging DST om twee uur open. Een slimme zet van oom Rien! Het leek wel of iedereen lekker aan zee wilde uitwaaien, want het was verschrikkelijk druk.

De feestcommissie had een tafeltje bij het raam in beslag genomen.

'Moet je die mafkees zien!' riep Tim en hij wees naar het strand. Een man rende langs de branding. In een korte broek, alsof het hoogzomer was.

'Brrr.' Ik kreeg al kippenvel als ik ernaar keek.

'Pfff,' deed Karin. 'Dat is nog niks vergeleken bij The Iceman. Die beklimt hele bergen in shorts. Hij is zelfs een paar keer onder het poolijs door gezwommen.'

'Jakkes, schatje. Doe mij maar een warm badje,' rapte Said.

'Softie.' Karin gaf hem een stomp. 'Ik vind het juist stoer als iemand dat durft.'

'Ik durf best!' riep hij verontwaardigd.

Marscha's ogen begonnen te glimmen. 'Dat zullen we dan nog wel eens zien.'

'Er is hier niet eens poolijs.' Marie-Fleur zuchtte. 'En ook geen bergen.'

Waarschijnlijk dacht ze aan haar gemiste skivakantie.

'Maar wel ijskoud water,' zei Marscha. 'We organiseren een nieuwjaarsduik!'

'In zee met DST.' Said keek niet echt blij.

Karin wel. 'Hartstikke cool!'

Vooral koel, dacht ik.

Tim pakte zijn pen en maakte een tekening op een bierviltje. Een rillende Said, die tot aan zijn knieën in de branding stond. Met een zwembroek aan en een UNOX-muts op.

We moesten allemaal grinniken.

'Maar het is wel een goed plan,' zei ik. 'De deelnemers kunnen zich hier in DST omkleden en na afloop serveren we warme chocomel met slagroom.'

Marscha knikte. 'Ik ga het vlug aan oom Rien vragen. Dan hangen we meteen een inschrijflijst op.'

Ik keek naar de ComCorner, waar een paar meiden zaten te chatten. 'En we zetten het op de site.'

Oom Rien vond het een geweldig plan, dus de feestcommissie ging onmiddellijk aan de slag.

Tim haalde zijn schetsboek tevoorschijn. 'We moeten een pakkende tekst verzinnen.'

'Duik hem erin!' riep Karin.

'Een lekker warm duikpak,' zei Said. 'Dat is een idee.'

'Twee koffie voor tafel vijf.' Ik zette mijn dienblad voor Stanley op de bar. Terwijl hij de bestelling klaarmaakte, kon ik mooi even plassen.

Ik liep naar de wc-ruimte en duwde de deur open. Marie-Fleur stond bij de wastafel, met haar rug naar me toe.

'Hoi,' zei ik.

Ze liet van schrik haar tasje vallen. Er floepten wat spulletjes uit. Een mascararoller, een aansteker en een zakje met snoepjes. Ik wilde bukken om ze op te rapen, maar Marie-Fleur was me voor. Ze graaide alles bij elkaar, propte het in haar tasje en ritste het dicht.

'Je moet mensen niet stiekem vanachter besluipen,' mopperde ze. 'Ik had wel een hartverlamming kunnen krijgen.'

Ze was rood, alsof ze betrapt was. Ik gokte dat ze stiekem had willen roken.

'Heb je al iets van je vader gehoord?' vroeg ik.

'Hij belt heel vaak.' Ze knipperde met haar ogen. 'Maar zodra ik zijn stem hoor, hang ik op. Anders wordt mijn moeder verdrietig.'

'En jij dan?' Ik keek haar onderzoekend aan. 'Het is heel lief dat je rekening met je moeder houdt, maar andersom? Het is wel je vader!'

Ze liet haar armen hangen en tuurde naar de grond.

Arme Marie-Fleur! Ze zag er zo triest uit.

Ik ging dichter bij haar staan en streelde haar schouder. 'Bel nou maar naar dat hotel. Hij mist jou vast ook heel erg.'

Haar hoofd ging met een ruk omhoog. 'Het is zijn eigen schuld! Had hij maar niet met die ander...' Ze beet zo hard op haar lip dat ik bang was dat hij zou gaan bloeden. Toen stormde ze een van de wc's in en trok de deur met een klap achter zich dicht.

'Maar Marie-Fleur...' zei ik.

Het slot draaide op rood.

Kreun. Dan niet. Ik ging in de wc naast haar plassen.

INTERVIEW VAN
DE MAAND

Cool or a fool?

Wim Hof is niet bang voor een koutje. Hij verbreekt kouderecord na kouderecord. Geen wonder dat ze hem *The Iceman* noemen. *Glow* vroeg deze winterharde bikkel het hemd van het lijf.

Ze noemen je The Iceman. Dat is toch ook een held uit een strip?

Iceman is inderdaad ook een stripfiguur en hij kan heel wat meer dan ik: vloeistoffen en vocht uit de lucht om hem heen bevriezen, zijn lijf in ijs veranderen. Maar ja, hij is verzonnen en ik doe alles echt.

Voelt het als een eretitel?

Ach, het is best grappig om met een superheld vergeleken te worden.

Ben je tijdens je recordpogingen ooit gewond geraakt?

Ja, dat gebeurt wel eens. In Finland heb ik een halve marathon op blote voeten gelopen. Het was tussen de 20 en 30 graden onder nul. Toen kreeg ik tweedegraads koudewonden aan mijn linkervoet.

Je hebt niet alleen in de kou gelopen, maar ook gezwommen...

Inderdaad. Vijftig meter onder het poolijs door. Van het ene naar het andere wak.

En toen kwam het hoogtepunt: je beklom de Mount Everest op sandalen, met alleen een korte broek aan.

Klopt. Helaas ben ik maar tot op 7400 meter hoogte gekomen. Ik heb de top niet gehaald, vanwege bevriezingsverschijnselen aan mijn voet.

En toch ga je maar door. Dat is toch gekkenwerk?

Misschien wel, ja. (Hij lacht.) Ik zou het ook niemand aanraden, tenzij je net als ik over een uitmuntende conditie beschikt en er hard voor hebt getraind.

Wat drijft je? Is het de roem of de kick?

Ik wil er sterker en rustiger van worden. Ik ga open en willens en wetens een moeilijke situatie aan – maar wel met begeleiding! – zodat er van alles bij me loskomt: angsten, blokkades. Als je erin slaagt om die aan te pakken en te overwinnen, geeft dat heel veel zelfvertrouwen en daadkracht in je verdere leven.

Als ik in een bak vol ijsblokjes ga zitten, zou ik na een paar minuten waarschijnlijk sterven van de kou. Jij hield het meer dan zeventig minuten vol. Hoe kan dat?

Extreme kou is te weerstaan door innerlijke warmte. Ik noem het de inner fire-techniek. Het heeft te maken met macht hebben over je lichaam en geest.

Wat vindt je gezin ervan dat je steeds weer zulke enorme risico's neemt?

Mijn vrouw weet dat ik alleen op deze manier naar mezelf op zoek kan gaan. Als ik mezelf vind, betekent dat rust voor het gezin, dus ze zal me altijd steunen. En mijn zoontje Noah is voorlopig meer onder de indruk van filmhelden. Pasgeleden zei hij tegen me: 'Papa, ik heb gisteren Batman op tv gezien. Dat was eng, joh.'

Wat me opvalt: je draagt nu wel gewoon een trui...

Tja. (Hij lacht.) In het dagelijks leven ben ik een grote koukleum. Thuis en in de auto doe ik nogal snel de kachel aan.

Doe iets!

Ik stond in de ComCorner toen het gebeurde...

'Bel een ambulance!' schreeuwde iemand.

Een overslaande vrouwenstem. Ergens bij de wc's.

Het geroezemoes stopte en iedereen zweeg. Het leek wel of de hele strandtent bevroren was. Alleen Barbara Streisand bleef opgewekt 'Jinglebells Jinglebells' uit de speakers zingen.

'Schiet nou op!' riep de vrouw. 'Er ligt hier een meisje en ik denk dat ze doodgaat!'

Bij het woordje 'dood' ging er een rilling langs mijn ruggengraat. Ik keek angstig naar oom Rien, die bij tafeltje zeven stond. Zijn gezicht was strak en zijn ogen stonden wijd open zonder te knipperen. Toen kwam hij eindelijk in beweging. Hij zette zijn dienblad neer en rende via de bar naar de wc's. Alle hoofden van de bezoekers draaiden als schotelantennes met hem mee.

'Waar is Marie-Fleur?' riep Tim ineens. Hij sprong van zijn stoel, die met veel kabaal omver kletterde.

Ik voelde het bloed uit mijn wangen trekken. Ze zou toch niet nog steeds op de wc...

Het glas dat ik vasthad, glipte uit mijn hand. Het spatte uit elkaar op de vloer. Iemand zette de muziek uit. Stanley waarschijnlijk, die bleef altijd verbijsterend kalm in stresssituaties.

Ik moest ook iets doen!

Maar mijn benen zaten vol pap.

Tot ik Marscha's hand om mijn elleboog voelde. Ze trok me mee. Het glas knerpte onder onze zolen. Lopen, lopen. De wc's leken kilometers ver weg.

Pfff, daar was de bar. Bertje blafte. Stanley was aan het telefoneren. Hij hield de hoorn tegen zijn rechteroor en een vinger in zijn linkeroor.

Nog twee stappen...

De rest van de feestcommissie stond al bij de wc-deur. Tim hield de klink vast. Hij zag bleek en zijn lip trilde.

'Doe nou open,' zei Karin ongeduldig en ze schoof hem opzij.

'Blijf!' zei Marscha tegen Bertje.

Toen gingen we met knikkende knieën de wc-ruimte in.

Marie-Fleur lag languit onder de wastafel.

Oom Rien zat naast haar en knoopte haar bloesje los. 'Haar hart gaat vreselijk tekeer,' zei hij geagiteerd. 'En ze gloeit helemaal.'

'We moeten haar afkoelen,' zei Stanley, die ook binnenkwam.

'Ik ga wel ijsklontjes halen.' Karin verdween in sneltreinvaart naar de keuken.

Marscha stapte over Marie-Fleur heen. Ze draaide de kraan open en maakte een kommetje met haar handen. Ze ving het water erin op en goot het in de hals van Marie-Fleur.

Stanley knielde bij Marie-Fleur en voelde aan haar voorhoofd. 'Niet bang zijn. De ambulance komt zo.'

Ze reageerde niet. Ook niet toen Marscha een nieuwe klets water in haar gezicht gooide.

Dit was dus echt foute boel! Ik beet op mijn nagels en deed duizend schietgebedjes.

'Waar blijft die ambulance nou?' vroeg Tim. Zijn borstkas ging heel snel op en neer en op zijn voorhoofd parelden zweetdruppeltjes.

Als hij maar niet ook nog van zijn stokje ging!

Said greep Tim bij de schouder. 'Kom, wij gaan op het terras staan. Dan zien we de ziekenwagen aankomen en kunnen we meteen wijzen waar ze moeten zijn.'

Ze knalden in de deuropening bijna op Karin, die met een theedoek vol ijsklontjes naar binnen sjeesde. 'Hier.' Ze hield hem als een hangmatje voor Stanley.

Hij pakte een paar ijsblokjes en wreef ermee over de polsen van Marie-Fleur. Oom Rien deed hetzelfde, maar dan bij haar hals.

71

'Ze knippert met haar ogen!' riep Marscha.

Ik was twee tellen opgelucht. Maar toen ging de horrorfilm pas echt van start. Marie-Fleur verkrampte ineens. Ze werd helemaal stijf als een kromgetrokken plank en daarna begon haar hele lijf plotseling hevig te schokken, alsof ze onder stroom stond. Haar ogen puilden uit hun kassen en draaiden raar weg – ik zag alleen nog oogwit – en er borrelde schuim rond haar mond, zooo akelig.

'Doe iets!' schreeuwde Karin.

Het hoofd van Marie-Fleur bonkte op de tegels. Oom Rien schoof zijn handen er als een kussentje onder, zodat ze zich niet kon bezeren. Hulpeloos keek hij rond.

Ik werd misselijk. Hou op, hou op! wenste ik op mijn allerhardst. Maar het hield niet op. Er kwam een blauwig waasje op het gezicht van Marie-Fleur.

Straks ging ze nog dood!

In de verte klonk een sirene.

'Eindelijk, de ambulance,' mompelde oom Rien.

Marie-Fleur schokte niet meer. Haar lichaam werd heel slap en ze lag weer stil.

'Ze is toch niet...' De rest van de woorden bleven als roestige spijkers in mijn keel steken.

Stanley legde zijn oor op haar borst. 'Ik hoor niks.'

Mijn eigen hart hoorde ik wel. Het bonkte tegen mijn ribben.

'Misschien is ze in coma,' fluisterde Marscha.

'Je moet een spiegeltje bij haar mond houden,' zei Karin. 'Dan kun je zien of ze nog ademt.'

Dat had ze vast van tv. Karin was gek op documentaires over ziekenhuizen. Vooral als ze bloederige operaties lieten zien.

'En waar wilde je dat zo snel vandaan halen?' vroeg Marscha.

Het tasje van Marie-Fleur! Het lag een eindje verder op de grond. Ik wurmde me langs oom Rien en reikte naar het hengsel. Hebbes!

'We moeten haar op haar zij leggen,' zei Stanley tegen oom Rien. 'Anders kan ze stikken.'

Ze telden tot drie en rolden Marie-Fleur om.

Ik zocht in het tasje. Waar was dat stomme make-upspiegeltje nou?

Toen hoorde ik voetstappen. En de stem van Said: 'Hier is het.'

De deur ging open. Twee mannen kwamen binnen met een brancard vol apparaten. De ene had blond haar en de andere zwarte krullen. 'Ruimte graag,' commandeerden ze.

Marscha, Karin en ik gingen vlug in de wc's staan. Oom Rien en Stanley zochten een plekje tegen de muur. Said en Tim bleven bij de drempel wachten. Safira stond achter hen en friemelde nerveus aan haar hoofddoek.

'Beentjes,' stelde de blonde verpleegkundige zich voor. Hij ging naast Marie-Fleur zitten, trok haar hoofd naar achteren en controleerde of haar tong de luchtwegen niet versperde. Daarna voelde hij aan haar pols. 'Ze ademt, maar zwakjes. Zuurstof toedienen.'

Marie-Fleur kreeg een kapje over haar mond.

'Wat is er gebeurd?' vroeg de assistent van Beentjes.

'Dat weten we niet precies.' Oom Rien wreef over zijn kin. 'Een klant heeft haar gevonden.'

'Ze had hartkloppingen en was oververhit,' zei Stanley. 'We hebben geprobeerd haar met water en ijs te koelen, maar toen kreeg ze een epileptische aanval.'

Je kon wel merken dat hij een EHBO-diploma had.

Beentjes trok een zaklampje van zijn riem. Met zijn duim tilde hij Marie-Fleurs linkerooglid op en scheen in haar pupil. 'Heeft ze misschien iets geslikt?'

In gedachten zag ik Marie-Fleur weer naar haar spullen graaien. De spullen die uit haar tasje waren gefloept: een mascararoller, een aansteker en een zakje met snoepjes.

'Ge-geslikt?' stamelde Marscha.

Het sijpelde langzaam tot me door: Marie-Fleur snoepte bijna nooit. Ze was veel te bang om dik te worden!

'Ja, drugs.' Beentjes keek in het andere oog van Marie-Fleur. 'Een xtc-pil of zo?'

'Wij gebruiken nooit drugs,' zei Karin verontwaardigd.

Wij niet, maar... Met zweterige vingers haalde ik het zakje uit de tas van Marie-Fleur. Het zakje met de ronde, roze snoepjes. Dat ik dat niet eerder had gezien: ik had precies zo'n zelfde snoepje in de heren-wc's gevonden. Op kerstavond, toen Marie-Fleur nog zo'n blije gup was geweest.

**Problemen met je lijf,
je lover of je ouders?
Vraag Manja om raad!**
(Ook anonieme brieven
worden beantwoord)

Lieve Manja,
Ik ben bang dat mijn vriendin xtc heeft geslikt! Wat zijn xtc-pillen precies? En hoe zien ze eruit?
Pillenkillertje

Lief Pillenkillertje,
Ecstasy of xtc is een synthetische harddrug, die meestal in tabletvorm gebruikt wordt. Er zit MDMA in, een chemisch spulletje dat de afgifte van een aantal stoffen in je hersens stimuleert, waardoor je stemming verandert. Van serotonine krijg je een blij en verliefd gevoel, waardoor je in een soort knuffelbeer verandert. Adrenaline geeft een boost van energie en dopamine zorgt voor een genotsgevoel. De drug wordt via je bloed in je hersens opgenomen. Je hebt xtc-pillen in allerlei vormen, kleuren en maten. Soms staat er een afbeelding op (zoals een vlinder, vogel, vraagteken of kruisje) of een lokkende tekst (bijvoorbeeld: for you). Sommige pillen worden genoemd naar hun vorm of opdruk (zo heb je zonnetjes en olifantjes). Ze zien eruit als vrolijke snoepjes, maar ze zijn absoluut niet onschuldig! Ze onderdrukken namelijk ieder gevoel van honger, dorst en vermoeidheid en verdoven eventuele pijn. Xtc verhoogt je lichaamstemperatuur. Als je heel lang danst en niet drinkt, kun je oververhit raken en uitdrogen. Je kunt er hartproblemen van krijgen en out gaan. Dit kan zelfs dodelijk zijn!
Manja

Familie Van Banningen

'We laten de pillen meteen onderzoeken.' De ambulancemede-
werker met de krullen nam het zakje van me over en stopte het
weg. 'Als we weten wat ze geslikt heeft, kunnen we haar ook beter behandelen.'
Marie-Fleur werd op de brancard gelegd.
'Bent u de vader?' vroeg Beentjes aan oom Rien.
Ondanks de zenuwen moesten we lachen.
Oom Rien schudde zijn hoofd. 'Ik weet wie de ouders zijn, wij
zullen ze verwittigen.'
De mannen duwden de brancard als een liftje weer omhoog. Toen
konden ze hem naar de deur rijden. Tim, Said en Safira gingen
opzij om hen door te laten.
Ik zag Marie-Fleur ineens heel alleen in het ziekenhuis wakker
worden.
'Moet er niet iemand mee?' vroeg ik vlug.

Even later reden we met een flinke vaart door de straten. Marscha
zat voorin, naast de chauffeur. Ik achterin, met Beentjes. In iedere
bocht moest ik mijn benen schrap zetten om niet van het zitje te
schuiven. Ik kon mijn blik niet losrukken van Marie-Fleur. Ze lag
ingesnoerd op de brancard. Beentjes had haar aan een infuus gelegd en controleerde telkens haar hartslag. De sirene loeide en
mijn hoofd bonkte alsof er een specht in zat. Had ik haar maar
niet alleen in de wc-ruimte achtergelaten. Laat haar beter worden.
Alsjeblieft, alsjeblieft.

Marscha en ik zaten in de wachtruimte. We keken telkens naar de
klapdeuren waarachter de brancard was verdwenen.
'We hadden haar beter in de gaten moeten houden,' zei ik.

Marscha zuchtte. 'Maar we konden toch niet weten dat...'

'Meisjes, meisjes.' De moeder van Marie-Fleur kwam haastig aangelopen. Ze veegde met een zakdoekje over haar voorhoofd. 'Wat afschuwelijk allemaal. Gelukkig is ze weer bij bewustzijn, volgens de artsen komt het helemaal goed.'

'Echt?' Ik voelde me meteen honderd kilo lichter.

Ze ging op het puntje van de stoel zitten, met haar tas op haar schoot. Ze klemde zich eraan vast alsof het een reddingsboei was. 'Maar als ik die rotzak te pakken krijg...'

Ik kon haar even niet volgen. 'Welke rotzak?'

'Die de drugs in haar drankje heeft gedaan, natuurlijk,' antwoordde ze.

Marscha en ik keken elkaar ongemakkelijk aan.

Marscha kuchte even en zei zacht: 'Ze heeft zelf een xtc-pil ingenomen.'

Ik knikte. 'Ze zaten in haar tasje.'

De ogen van mevrouw Van Banningen werden groot. 'Maar...'

Hakken tikten in de hal. Meneer Van Banningen. Zijn jaspanden wapperden achter hem aan. 'Hoe is het met haar?' riep hij. 'Weten jullie al meer?'

'Ik heb net een arts gesproken.' Zijn vrouw keek demonstratief de andere kant op. 'Alles is in orde, we mogen zo bij haar.'

'Godzijdank.' Meneer Van Banningen liet zich op een stoel zakken. 'Maar wat is er nu eigenlijk precies gebeurd?'

Marscha deed verslag van de roze pilletjes.

'Ik begrijp het niet,' mompelde hij. 'Waarom heeft ze in hemelsnaam...'

'Ja, hoe zou dat nou komen?' schamperde mevrouw Van Banningen.

Het leek of Marie-Fleurs vader kromp. Ik had hem nog nooit zo klein en hulpeloos gezien.

'De laatste tijd zit ze nogal in de put,' zei Marscha.

Ik humde instemmend. 'Omdat ze u zo erg mist.'

Hij speelde met de sluiting van zijn gouden Rolex. Open, dicht, open, dicht. 'Maar als ik haar bel, hangt ze meteen op.'

'Vind je het gek?' De stem van mevrouw Van Banningen klonk beschuldigend. 'Denk maar niet dat ze nog contact met je wil.'

Jemig, gingen ze hier een beetje ruzie zitten maken terwijl Marie-Fleur...

'Dat wil ze juist wel,' flapte ik eruit. 'Maar ze is bang dat ze u dan verdriet doet.'

Het werd akelig stil in de wachtruimte. Ik gluurde vanuit mijn ooghoeken naar de moeder van Marie-Fleur. Zwijgend klauwde ze haar nagels nog dieper in de gebloemde stof van haar tas. Ik had het gevoel alsof er elk moment een onweersbui kon losbarsten.

Maar toen zei meneer Van Banningen beslist: 'We gaan met Marie-Fleur praten. Samen.'

Mevrouw Van Banningen zweeg nog steeds. Toen kwam er een piepklein knikje! Het viel nauwelijks op, maar we hadden het allemaal gezien.

De bui dreef over. Meneer Van Banningen vergat zijn horloge en Marscha glimlachte.

Een arts bracht ons naar een wit-gele kamer.

Marie-Fleur stak bleekjes af tegen haar kussen. 'Pap, mam?' vroeg ze ongelovig.

'Prinses!' Haar vader kuste haar heel voorzichtig, alsof ze van glas was.

'Kindje toch.' Haar moeder pinkte een traan weg en ging aan de andere kant van het bed staan. 'Je hebt ons zo laten schrikken.'

Marie-Fleur pakte hun handen vast. Ze was zo druk met naar haar ouders kijken, dat ze ons niet eens opmerkte.

'Hoi,' zei Marscha vanaf de deur.

'Hoe voel je je?' vroeg ik.

Toen draaiden haar ogen pas onze kant op. 'Moe.' Ze probeerde overeind te komen, maar liet zich meteen weer terugvallen. 'Zijn de anderen er ook?'

Ik schudde van nee. 'Die pasten er niet meer bij in de ziekenwagen.'

'Ziekenwagen?' Ze fronste haar voorhoofd. 'Daar weet ik niks meer van.'

'Dat vertellen we later nog wel.' Marscha wees met haar kin naar meneer en mevrouw Van Banningen. 'Ik geloof dat je ouders met je willen praten.'

'We weten nu dat het weer goed met je gaat,' zei ik.

'Oké. Doe iedereen maar de groetjes.' Marie-Fleur was ons alweer vergeten. Haar blik ging van haar vader naar haar moeder en weer terug. Alsof ze een prachtige tenniswedstrijd volgde.

DRUGS

Kicking of killing?

Drugs kunnen je een fijn gevoel geven, anders zou geen mens ze gebruiken. Maar er zitten ook grote risico's aan, zelfs al gebruik je ze maar één keertje. *Glow* zet voor jou alle feiten op een rijtje.

Soorten drugs

Downers werken verdovend en pijnstillend, zoals opium en heroïne. *Uppers* hebben juist een stimulerende werking en geven energie. Voorbeelden hiervan zijn amfetamines (synthetische drugs, ook wel speed genoemd), cocaïne (uit de bladeren van de cocaplant) en crack (rookbare variant van cocaïne). *Hallucinogene middelen* staan bekend om hun geestverruimende werking, waardoor de gebruiker in een soort droomtoestand raakt. Dit is het geval bij producten van de hennepplant zoals marihuana en hasj, en bij lsd, xtc en bepaalde paddenstoelen.

Gebruik

Roken (blowen): hasj kun je (met wat tabak) in een vloeitje rollen (joint of stickie). Sommige mensen gebruiken een speciale waterpijp. *Eten/drinken*: drugs kun je in allerlei gerechten en dranken verwerken. Je hebt opium- en marihuanathee. In een spacecake wordt hasj meegebakken. En in een happy pizza zitten bloembladeren tussen de kaas en de tomaten verstopt. *Slikken*: veel drugs zijn verkrijgbaar in tabletvorm. Denk maar aan xtc-pillen (gemaakt in illegale laboratoria) en slaap- en kalmeringsmiddelen zoals valium. *Snuiven*: crack wordt vaak op een foliepapiertje gelegd en met een aansteker vanonder verwarmd (chinezen) zodat de damp opgesnoven kan worden.

Een lijntje cocaïne (wit poeder) wordt met een kokertje door de neus opgehaald. *Spuiten*: cocaïne, speed en heroïne zijn drugs die geïnjecteerd kunnen worden. Sommige verslaafden steken de naald zelfs recht in hun aderen.

Effecten

Drugs kunnen je een ontspannen, gelukzalig en dromerig gevoel geven. Of je wordt euforisch en onvermoeibaar: je kunt de hele avond blijven dansen en vindt de hele wereld om te zoenen. Maar het kan ook in een bad trip ontaarden! Gevolg: trillen, zweten, misselijkheid en hoofdpijn. Ook kunnen paniekaanvallen optreden (help, er komen monstertjes uit het plafond!) en je kunt zelfs paranoïde gevoelens krijgen. Iemand die hallucineert, kan rare en gevaarlijke dingen gaan doen. Ook op lange termijn zijn drugs bepaald niet onschuldig: geheugenverlies, persoonlijkheidsveranderingen, geweldsuitbarstingen en schade aan lever en hersens (xtc) zijn allemaal mogelijk! Dag geluksgevoel.

Risico's

Iedereen reageert verschillend op drugs. Het pilletje dat bij jouw vriendinnen goed aanslaat, kan jou in het ziekenhuis doen belanden. Sommige drugs kunnen bij de eerste keer al dodelijk zijn. Vooral in combinatie met medicijngebruik of alcohol loop je grote risico's. Bovendien weet je nooit echt wat je gebruikt. In xtc-pillen kan allerlei (goedkope) rotzooi zitten of er is geknoeid met de dosis, zodat je meer binnenkrijgt dan je denkt. Ook bij cocaïne, speed en heroïne is de kans op een overdosis groot, wat bijvoorbeeld een hartaanval of een hersenbloeding tot gevolg kan hebben. En drugs worden vaak versneden of met andere stoffen vermengd. Voor hetzelfde geld werk je rattengif of wc-eend naar binnen! Jak!

Verslaafd

De ene drug is minder verslavend dan de andere. Maar verslavingsgevaar bestaat altijd, al is het maar geestelijk. Dan heb je dus een vet probleem. Drugs zijn duur, dus als je niet rijk bent, raak je al snel in de schulden. En de mensen die zich met drugshandel bezig houden, zijn bepaald geen lieverdjes. Die gaan echt niet rustig zitten wachten tot jij weer wat zakgeld bij elkaar hebt gespaard. Voor je het weet bedreigen ze je en gebruiken ze je voor louche zaakjes. En los daarvan: afkicken is een lijdensweg!

Glowtip: word lekker verliefd. Dat geeft net zo'n gelukzalig gevoel als drugs, maar is niet slecht voor je gezondheid!

Het plan

Marscha en ik namen de bus naar de boulevard. Het was inmiddels na sluitingstijd, maar de fietsen van de feestcommissie stonden nog in de stalling.

'Laten we vlug doorlopen,' zei ik. 'Ze zitten natuurlijk in spanning te wachten.'

We holden over het strand en namen de trap naar het terras met twee treden tegelijk.

'En?' vroeg oom Rien, zodra we hijgend binnenkwamen.

'Jullie krijgen allemaal de groeten,' zei ik.

Marscha knikte. 'Ze komt er weer helemaal bovenop.'

'Yes!' Tim maakte een stootbeweging met zijn arm.

Safira ging meteen warme chocomel maken om het te vieren.

'Waarom hebben jullie niet even gebeld?' mopperde Karin. 'We hebben peentjes zitten zweten.'

'Ik dacht al: wat ruik ik?' Marscha kneep haar neus dicht.

Karin gaf haar een elleboogje.

'Au!' Marscha wreef over haar zij. 'We konden er heus niks aan doen. Ik had mijn mobieltje niet bij me.'

Waarschijnlijk lag hij ergens achter de bar. Ze liet dat ding altijd rondslingeren.

'Je moet hem aan een koordje om je nek hangen,' adviseerde Said. 'Net als mijn moeder met haar leesbril doet.'

Ik ging naast Stanley zitten. Hij had een krant voor zich liggen met personeelsadvertenties. 'Heb je al iets gevonden?' vroeg ik.

Hij tikte met zijn pen op de tafel. 'Baantjes zat, maar niks in de horeca.'

Ik aaide zijn been. 'Je vindt vast nog wel iets.'

'Ik hoop het,' zei hij met een zucht.

'Nog even over Marie-Fleur...' Oom Rien keek Marscha en mij

vragend aan. 'Heeft ze verteld hoe ze aan die pillen kwam?'
'Misschien heeft ze wel connecties met de onderwereld!' riep Karin op een toon alsof ze dat vreselijk spannend zou vinden.
'Of ze heeft ze van een klant gekregen,' zei ik zacht. 'Hier in de Strandtent.' Ik vertelde van het snoepje dat ik op kerstavond in de heren-wc's gevonden had. Het snoepje dat achteraf geen snoepje bleek, maar een peppil.
'DST, drugs in de plee,' rapte Said.
'Dus daarom deed Marie-Fleur toen zo raar!' riep Karin uit.
'Flying high.' Tim krabde wat verf van zijn duimnagel.
'Een dealer in de Strandtent.' Oom Rien wrong zijn handen in elkaar. 'Als ik die rotzak te pakken krijg...' Hij leek heel even als twee druppels water op mevrouw Van Banningen. 'Straks is onze reputatie naar zijn mallemoer.'
Marscha sloeg haar arm om hem heen. 'Niet als we die rotzak vinden.'
'Graag,' zei Tim knarsetandend. 'En dan leveren we hem af op het politiebureau.'
'Of we martelen hem stiekem!' riep Karin met glimmende ogen. 'In de voorraadkast.'
Stanley vouwde de krant dicht. 'Moet hij wel eerst terugkomen.'
'Vast wel,' zei Marscha. 'Hij weet dat hij hier nu klanten heeft. Die laat hij echt niet zomaar lopen.' Ze liet oom Rien los en tikte tegen haar slaap. 'We moeten alleen nog eventjes een plan verzinnen.'
Eventjes! Alsof dat zo gemakkelijk was.
Safira kwam uit de keuken en zette een dienblad met dampende bekers neer. En een schaal met kerstkransjes, die nog over waren van het feest. Bertje kwam vlug onder de tafel vandaan en hield zijn kop scheef. Hij was een expert in zielig kijken.
'Nee liefie, daar krijg je rotte tanden van.' Marscha viste een botvormig hondenkoekje uit haar zak. 'Hier, dit is veel gezonder.'
Bertje ging liggen en maakte krakende geluiden.
Karin kriebelde hem tussen zijn oren. 'Kunnen we hem niet opleiden tot drugshond?'

'Ja hoor.' Ik zag het al helemaal voor me. 'Mag hij iedere klant bij binnenkomst besnuffelen.'

'Ja!' riep Marscha, die meteen helemaal op dreef was. 'En dan laten we hem er alle leuke jongens uitpikken.' Ze zette een rare bromstem op: 'Sorry, maar Bertje vertrouwt het niet. Ik moet je echt even fouilleren.'

'Heeft er ook nog iemand een serieus idee?' vroeg oom Rien lachend.

'Iedereen die op kerstavond hier was ondervragen?' stelde Said voor. 'Misschien heeft iemand iets verdachts gezien.'

Karin pakte haar vijfde kerstkransje. 'En dan loven we een beloning uit voor de gouden tip!'

'Een gratis maaltijd bijvoorbeeld,' zei Safira.

Tim trok de krant naar zich toe en tekende een gemaskerde man met een confetti van pilletjes rond zijn hoofd. WANTED: DST-DRUGSDEALER schreef hij eronder.

'Een serieus idee,' zei oom Rien nog maar eens.

We zwegen een poosje en bliezen in onze chocomel.

'Verborgen camera's,' bedacht Stanley. 'Dan hebben we het bewijs meteen op film staan.'

Oom Rien wreef zijn wijsvinger en duim over elkaar. Te duur, betekende dat.

'We kunnen ook best zelf de klanten in de gaten houden,' zei ik.

'Jááá, spioneren!' juichte Karin. 'Net als James Bond.'

'Het is geen spelletje.' Safira trok een afkeurend gezicht. 'We hebben het hier over een echte crimineel.'

Oom Rien knikte. 'Het is veel te gevaarlijk.'

Said liet zijn lepeltje op zijn wijsvinger balanceren. 'Maar wel gratis en voor niks.'

'En Bertje kan ons beschermen,' zei Marscha.

'Als we niks doen, gaat DST naar de vaantjes,' hielp Stanley.

We keken oom Rien allemaal smekend aan.

Hij kreunde. 'Vooruit dan. Maar alleen spioneren. Zodra we iets zien wat niet deugt, bellen we de politie.'

'Tuurlijk,' zei Karin. Het was maar goed dat ze geen Pinokkio heette. Anders was haar neus vast drie meter gegroeid.

Stanley stak zijn pen omhoog. 'Ik neem de bar voor mijn rekening.'

Marscha gebaarde naar de tafels en stoelen. 'Fay en ik houden het hier in de smiezen. Tijdens het bedienen.'

'En de wc's?' vroeg ik. 'Daar heb ik die pil gevonden.'

Karin ging staan en klopte zich op de borst. 'Mag ik jullie voorstellen: de nieuwe toiletjuffrouw.'

'Er moet ook nog iemand naar de heren.' Stanley keek Tim en Said aan.

'Maar dan wel in ploegendienst,' zei Tim. 'Ik ga niet de hele dag op de wc zitten.'

'Ik vraag aan Jochem of hij ook meehelpt.' Marscha liep naar de bar om haar mobieltje te zoeken. Ze vond hem onder een theedoek.

'En nu opruimen,' commandeerde Safira. 'Ik wil zo langzamerhand wel naar huis.'

Said stapelde de lege bekers op. Hij deed er een dansje bij en rapte: 'Nieuw in DST, sexy playboys op de plee.'

'Sommige mensen hebben geen pilletjes nodig om gek te doen,' zei Safira.

**Problemen met je lijf,
je lover of je ouders?
Vraag Manja om raad!**
(Ook anonieme brieven
worden beantwoord)

Lieve Manja,
Ik wil iemand helpen om aan een (tijdelijk) baantje te komen. Heb jij
nog sollicitatietips?
Jobhunter

Lieve Jobhunter,
Pluis de kranten uit op advertenties. Bekijk de vacaturebanken op
internet. Schrijf je in als werkzoekende bij een uitzendbureau. En
vertel aan iedereen in je omgeving dat je een baantje zoekt (kun-
nen zij hun ogen en oren ook voor je openhouden). Je kunt ook
een open sollicitatie doen (zelf bij bedrijven die je geschikt lijken
aankloppen en vragen of ze nog iemand nodig hebben). Een leuk
baantje gespot? Als je goedgebekt bent, kun je telefonisch reage-
ren. Maar meestal schrijf je een brief. Zorg dat hij er verzorgd uit-
ziet, haal hem door de spellingcontrole en stuur ook een cv mee
(je levensloop: opleiding, werkervaring en dergelijke). Mag je op
gesprek komen? Bedenk vooraf welke vragen ze kunnen stellen en
oefen eventueel met je vriendin. Zorg dat je op tijd bent. Zet je
mobiel van tevoren uit. En draag schone, nette kleren. (Navel-
truitjes en minirokjes zijn leuk voor in de disco, maar...) Overdrijf
niet met sieraden en make-up (je bent geen kerstboom). De eerste
indruk is belangrijk! Geef een stevige handdruk (maar knijp de
hand van de ander niet aan gort), want met een slap handje straal
je ook een slap karakter uit. Maak oogcontact (zonder te priemen,
je bent geen hypnotiseur) en ga ontspannen rechtop zitten. Leg je
handen op de tafel of op je schoot. Praat rustig en geef duidelijke,
niet te lange antwoorden. Benadruk je sterke kanten, maar wees

ook eerlijk over je zwakke punten, op een positieve manier: leg uit hoe je ermee omgaat en probeer probleemoplossend te denken.

Manja

Spioneren

De volgende ochtend was iedereen al vroeg in DST.

Karin verhuisde een tafeltje naar de dames-wc's en stalde er aller-lei spulletjes op uit: een schoteltje (voor de waterschapsbelasting), een fles wc-eend, vochtige en droge doekjes, een busje toiletver-frisser met dennengeur, een stapeltje *Glows* en zelfs een vaasje met een plastic bloem erin.

Ik moest lachen. 'Het lijkt wel of je op kamers gaat.'

'Afgekeken van de toiletjuffrouw bij de Hema.' Karin haalde ook nog een jasschort uit haar tas en trok hem aan. 'Het moet natuur-lijk wel geloofwaardig overkomen. Niemand mag merken dat ik eigenlijk een spion ben.'

'Her name is Bond.' Said breakdanste om haar heen. 'Karin Bond.'

'En dan zijn dat zeker haar gadgets?' vroeg Marscha grinnikend. 'Een toiletverfrisser met een verborgen cameraatje erin en een bloem met een microfoontje.'

'Ik heb liever een wc-borstel die kan schieten.' Karin deed alsof ze een mitrailleur vasthield en de hele wc aan gruzelementen knalde. 'Kedengedengedeng!'

'Alsjeblieft.' Oom Rien hield zijn handen tegen zijn oren. 'Dan hou ik geen klanten meer over.'

'Maar dat cameraatje is wel een goed idee.' Tim haalde zijn tele-foon uit zijn zak. 'Als ik iemand zie dealen, kan ik hem stiekem met mijn mobieltje filmen.'

We keken hem allemaal bewonderend aan.

'En met die van mij kan ik foto's maken!' riep Marscha. 'Ik ga hem meteen stand-by zetten.'

Dat was makkelijker gezegd dan gedaan, want ze was hem weer eens kwijt. Ze zocht achter de bar, in de ComCorner, onder de kerstboom, in de zak van haar jas en ten slotte zelfs in de vaat-wasser. Maar haar mobieltje was nergens te vinden.

'Dat is wel een heel geheim wapen,' zei ik met de nadruk op 'ge-heim'.

'Ik bel je wel even.' Stanley toetste Marscha's nummer in op zijn telefoon.

We spitsten onze oren. Ja, daar klonk heel zachtjes de ringtone van een nummer van Anouk.

'Het komt uit Bertje,' zei Karin verbaasd.

Marscha bleef er bijna in. 'Hij zal hem toch niet ingeslikt heb-ben?'

Karin voelde aan haar keel. 'Au.'

'Zo'n ding uitpoepen lijkt me nog veel erger.' Said keek al be-nauwd bij het idee.

'Liefie toch.' Marscha hurkte naast Bertje en legde haar oor op zijn flank om te luisteren.

Hij kwam meteen overeind en likte haar wang.

'Daar.' Stanley wees naar de vloer. 'Hij heeft hem niet opgegeten, alleen maar bewaakt.'

Jochem leunde tegen de muur naast de heren-wc's. Zodra er ie-mand naar binnen ging, moest hij zogenaamd ook nodig plassen. Stanley stond bij de bar. Zijn lange pony kwam goed van pas, want daardoor kon hij iedereen ongemerkt begluren. Said had zich achter een krant verstopt. Het leek net alsof hij las, maar uit het papier was een vierkantje geknipt – een idee van Karin – zo-dat hij iedereen door het gaatje kon bespioneren. Tim was vlie-gende keep. Hij slenterde naar de keuken, maakte een praatje met Jochem, ging op een stoel zitten, dronk zijn koffie en intussen hield hij heel DST vanuit zijn ooghoeken in de gaten. Marscha en ik liepen af en aan met drankjes en snacks en probeerden in te schatten wie een mogelijke verdachte was. Nou ja, vooral ik dan. Marscha was meer geïnteresseerd in Jochem. Op een gegeven mo-ment begon ze zelfs naar hem te zwaaien.

Na een uur nam Said de taak van Jochem over en dook Jochem in de krant. En weer een uur later was Tim aan de beurt om voor wc-wacht te spelen.

'Niks,' mopperde ik tegen Marscha. 'Hij komt vast niet opdagen.' Maar toen rekte ze haar hals ineens uit en fluisterde: 'Gekleurde pilletjes bij tafel vijf.'

Mijn hart sloeg meteen een versnelling hoger. Zonder mijn hoofd te bewegen, draaide ik mijn ogen naar rechts. Ik zag een jongen in een gebleekte spijkerbroek en een meisje met opgestoken haar. Op het tafelblad tussen hen in... Marscha had gelijk!

'Mobieltje,' zei ik zacht.

Marscha viste het uit haar zak. Ik verstopte het achter mijn dien-blad en wandelde heel nonchalant naar tafeltje vijf. Mooi zo, hun glazen waren leeg. Het was heel normaal dat ik die even ging op-halen.

Stap, stap. Ik voelde het zweet op mijn rug prikken. Mobieltje klaar. Ik tuurde op het schermpje. Ja, ik was dichtbij genoeg. Ik drukte op het knopje en... klik.

Jemig, het leek wel alsof er een kanon afging! Ik voelde het bloed naar mijn wangen stromen en intussen moest ik ook nog dat rot-mobieltje wegmoffelen en dan – pompidompidom – de glazen op mijn dienblad zetten en...

Toen kon ik de gekleurde pilletjes pas echt goed zien. Ik voelde me net een ballonnetje dat leegliep. Het waren geen pilletjes maar m&m's.

Het liep al tegen sluitingstijd. Er waren nog maar een handjevol klanten. Said legde zijn krant neer en Tim zakte onderuit in zijn stoel. 'Pech gehad, Fay.'

Karin kwam uit de wc. 'Ik heb niks crimineels gezien,' zei ze te-leurgesteld.

Marscha stond met Jochem te praten. Het leek eerder op gebaren-taal, want ze bewoog constant met haar handen: tikje tegen zijn schouder, aaitje over zijn arm...

Stanley sopte de bar en oom Rien was bij Safira in de keuken. De klanten van tafeltje drie stonden op en trokken hun jas aan. Toen ze vertrokken, waaide er een ijskoud briesje door de deuropening. Brrr. Ik slenterde naar hun tafel om de koffiekopjes te verzamelen.

'Meisje.' Een vrouw bij tafel vier trok aan mijn mouw. 'Ik wil me nergens mee bemoeien, maar die jongens die net weggingen...'

Haar man viel haar in de rede. 'Dit is altijd een respectabele strandtent geweest, maar volgens mij wordt er gedeald.'

Het was alsof hij met een hamer op mijn hoofd sloeg. Ik stond meteen op scherp en smeet mijn dienblad op hun tafel. Toen haastte ik me naar de bar en greep Stanley bij zijn arm. 'Vlug,' zei ik, terwijl mijn hart zo ongeveer uit mijn borstkas bonkte. 'De dealers zijn net weg. Als we opschieten, halen we ze misschien nog in.'

Stanley liet de spons uit zijn handen vallen en ging meteen met me mee.

'Wat...' begon Karin.

'Straks,' zei ik.

Toen stonden Stanley en ik buiten op het terras. Ik tuurde naar een paar figuurtjes op het strand. 'Daar! Dat moeten ze zijn.'

Stanley denderde de trap af. Ik holde achter hem aan, maar het was onmogelijk om hem bij te houden. Het leek wel alsof er een motortje in zijn benen zat. Mijn schoenen schepten zand en de wind blies dwars door mijn kleren heen. Rennen! Stanley had ze al bijna ingehaald en wie weet hoe ze zouden reageren. Drugsdealers waren vast geen lieverdjes.

'Stop!' hoorde ik Stanley roepen.

Ze bleven staan en keken om. Ik dacht aan messen en pistolen en... Lopen!

Ik liep de longen uit mijn lijf tot ik eindelijk bij hen was. Stanley stond met hen te praten. Vergeleken met de jongens zag hij er ineens heel stoer en volwassen uit.

'Ik geef jullie heus niet aan,' hoorde ik hem zeggen. 'Ik wil alleen maar weten wie jullie die xtc verkocht heeft.'

De drie jongens keken elkaar even aan.
'En dan laat je ons verder met rust?' vroeg de langste.
Stanley knikte. 'Het gaat me alleen om de dealer.'
'Ik weet niet hoe hij heet,' zei de jongen. 'Maar hij had een hele rits met van die zilveren ringetjes in zijn oren.'

Dvd van de maand

CASINO ROYALE
Martin Campbell

Deze 21^e James Bond-
film is gebaseerd op
het allereerste boek uit
de 007-reeks van Ian
Flemming. De rol van
geheim agent wordt
ditmaal gespeeld door
de blonde, blauwogige
Daniel Craig. Hij moet
het opnemen tegen
Le Chiffre. Deze Franse
gangster gebruikt zijn
casinowinsten om terroristische operaties te bekostigen. Hij maakt
een kostbare fout en moet zijn geld terugverdienen tijdens een groot
goktoernooi. M16 geeft James Bond de opdracht om ook aan de po-
kertafel te gaan zitten en zo te voorkomen dat het geld in verkeerde
handen valt. Zoals in alle Bondfilms spettert de actie weer van het
doek, maar daarnaast heeft de regisseur geprobeerd om James deze
keer wat meer emoties mee te geven. Jaha, 007 wordt zelfs serieus
verliefd! Helaas ontbreken de gebruikelijke gadgets (zoals een laser-
horloge of een balpen met granaat) en de futuristische voertuigen.
Ook de humor is dun gezaaid. Lachebekjes kunnen beter een gouwe
ouwe Bond huren. *The spy who loved me* bijvoorbeeld, met de hila-
rische *big teeth* Richard Kiel als *Jaws*.

Glows oordeel: **

Ringetjes

'Wat hadden jullie nou ineens?' vroeg Karin, toen we helemaal verkleumd binnenkwamen.

Ik tuurde rond. 'Waar zijn Jochem en Marscha?'

'Marscha is in de kombuis en Jochem net naar huis,' rapte Said.

Via de achteruitgang waarschijnlijk. Anders hadden we hem wel op het strand gezien.

Ik keek naar de deur met het patrijspoortje. Vooruit! Hoe eerder het achter de rug was hoe beter.

'Maar wat was er nou?' Karin hipte ongeduldig van haar ene op haar andere been.

'We weten wie die pilletjes aan Marie-Fleur heeft gegeven,' zei Stanley.

Tim schoot als een haas overeind. 'Wie dan?'

Ik haalde diep adem. 'Keuken.'

Marscha ruimde neuriënd de vaatwasser in. Safira zette een pan met snert in de koeling.

'Marsch.' Ik zag er huizenhoog tegenop om het haar te vertellen.

'Ja?' Ze draaide zich om. Kerstlichtjes in haar ogen. 'Jochem heeft gevraagd of ik vanavond met hem naar de film...' Toen zag ze de gespannen gezichten van de anderen. 'Is er iets?'

'Je kunt beter even gaan zitten,' zei ik met een knikje naar de gigantische mayonaise-emmer.

'Hoezo?' Ze lachte nerveus.

'We moeten je iets vertellen.' Stanley gaf haar een duwtje in de goede richting. 'Over Jochem.'

Ze liet zich eindelijk op het deksel zakken.

Ik hurkte voor haar en legde mijn handen op haar knieën. 'We

hebben net een groepje jongens gesproken die hier xtc hebben ge-
kocht. Ze gaven het signalement van de dealer.'
'Is het Jochem?' brulde Karin achter me.
Hallo, kon het iets subtieler? Ik aaide over Marscha's broek.
'Jochem?' Ze duwde mijn handen weg. 'Ik geloof er niks van.'
Stanley schraapte zijn keel. 'Het is echt zo. Zijn oorringetjes heb-
ben hem verraden.' Kalmpjes deed hij verslag.
Marscha's hoofd kwam in slow motion omhoog. Ze zag eruit alsof
ze zojuist door een tractor was overreden.
'Bitterballen?' vroeg Safira.
Toen ging de telefoon bij de bar.

Even later kwam oom Rien de keuken in. 'Dat was de moeder van
Marie-Fleur. Goed nieuws. Ze mag morgen naar huis.'
'Zullen we een fruitmand voor haar bestellen?' vroeg Safira.
Karin stak haar tong uit. 'Fruitmanden zijn voor bejaarden.'
'De *Glow* dan?' Tim pakte de schaal met bitterballen van Safira
aan. 'Daar zijn jullie meiden toch gek op?'
Ik hield de keukendeur voor hem open. 'Of een roze bril. Dat
helpt tegen depressies.'
'Net als bitterballen.' Stanley takelde Marscha van de mayonaise-
emmer.

We zaten als een beschermend muurtje om Marscha heen. Bertje
legde zijn poot op haar schoot en keek kwijlend naar de schaal
met bitterballen. Alleen Safira en oom Rien waren nog in de keuken, ik kon ze horen rommelen.
'Ik kan er nog steeds niet bij.' Marscha zuchtte. 'Jochem leek juist
hartstikke aardig.'
Ik gaf haar vlug een bitterbal.
'De rotzak.' Tim wurgde zijn servetje. 'Wacht maar tot hij op het
politiebureau zit, met ringetjes om zijn pólsen.'
'Als de politie ons tenminste gelooft,' zei Stanley. 'Jochem ont-
kent natuurlijk alles en we hebben geen echt harde bewijzen.'

Karin zoog haar lip naar binnen. 'Ik weet wat!' riep ze. 'Marscha zou toch met hem naar de bioscoop...'

'Zóú, ja.' Ik sloeg mijn arm beschermend om Marscha heen. 'Maar dat gaat nu natuurlijk niet meer door.'

'Jawel,' zei Karin. Met een sluwe blik boog ze zich voorover en begon te fluisteren.

**Problemen met je lijf,
je lover of je ouders?
Vraag Manja om raad!**
(Ook anonieme brieven
worden beantwoord)

Lieve Manja,
We gaan op ziekenbezoek bij een vriendin en willen haar graag iets
speciaals geven. Dus niet zo'n suffe fruitmand! Heb jij nog een leuk
idee?
Groetjes van F.M.

Lieve F.M.,
Persoonlijke cadeautjes slaan meestal het beste aan. Wat is de smaak
van je vriendin, wat zijn haar interesses en hobby's? Probeer je in
haar te verplaatsen. Brand bijvoorbeeld een cd met haar lievelings-
muziek. Of maak een te gek plakboek met foto's, beterschapswensen
en herinneringen van dingen die jullie samen hebben meegemaakt.
Geen tijd om te knutselen? Als je iets toepasselijks wilt kopen, zou je
kunnen kiezen voor een kettinkje met een gezondheidssteen. Ik wens
jullie veel inspiratie!
Manja

Raam

We stonden in het steegje naast het huis van Jochem. Ik had nu al buikpijn.

'Dus denk erom,' zei ik tegen Marscha. 'Geen rare snoepjes van hem aannemen. En als hij wil zoenen, dan zeg je maar dat je de ziekte van Pfeiffer hebt.'

'Ja, mam.' Marscha lachte, maar niet van harte.

'Weet je het zeker?' vroeg Stanley. 'Je kunt nog terug.'

'We doen het voor oom Rien en Marie-Fleur.' Ze rechtte haar rug. 'En we moeten de Strandtent redden.'

'Heb je je mobieltje?' Tim controleerde het zijne. 'Je weet het, bij moeilijkheden meteen bellen.'

'Dan is het rescueteam er binnen drie tellen,' rapte Said.

Karin zwaaide met haar zaklamp. 'En niet vergeten het raam open te zetten.'

Marscha keek op haar duikklok. 'Ik moet gaan.' Ze gaf me Bertjes riem en zoog een enorme teug lucht naar binnen, alsof ze heel lang onder water ging zwemmen.

'Toitoitoi,' fluisterde ik.

Stanley gaf haar een schouderklopje. Toen verstopten we ons tegen de muur achter de containers. Ik gluurde langs de zijkant van zo'n ijzeren bakbeest naar Marscha. Ze liep langzaam naar de deur. Bertje piepte klaaglijk en trok aan de riem.

'Ssst,' siste ik.

Marscha drukte op de bel. Door het bovenlicht zag ik de lamp aangaan. Ik trok mijn hoofd terug. Als Jochem me ontdekte, liep ons hele plan gevaar.

Ik hoorde de deur opengaan. En daarna de stem van Jochem: 'Zullen we meteen maar gaan?'

Karin hijgde in mijn nek. Ik wist wat ze dacht: RAAM!

'Kan ik eerst nog even plassen?' Marscha praatte hoog en schril. 'Als het zo koud is, moet ik altijd veel vaker dan normaal.'

Door de zenuwen moest ik lachen. Tim stompte in mijn zij. Ik had bijna 'au' geroepen, maar gelukkig drukte Stanley net op tijd zijn hand tegen mijn mond.

Een klikje. De deur ging dicht.

'Sukkel,' zei Karin zacht. 'Je had ons bijna verraden.'

'Sorry.' Mijn gezicht werd warm. 'Maar het is ook zooo spannend.'

Op de bovenverdieping brandde nu licht. Alleen ging er nog steeds geen raam open.

'Waarom duurt het zo lang?' mopperde Said.

'Misschien moet ze eerst echt plassen.' Ik voelde alweer een giechel opkomen.

'Of Jochem is ook boven,' zei Stanley bezorgd. 'Als hij de hele tijd bij haar blijft, krijgt ze dat raam nooit ongezien open.'

Shit! Daar had ik nog niet aan gedacht.

We wachtten en wachtten en stampten onze voeten warm. Toen ging het licht weer uit.

'Mislukt,' fluisterde Tim teleurgesteld. 'Nu al.'

De voordeur ging open. We doken weer weg.

'Ik ben mijn sjaal vergeten.' De stem van Marscha kwam uit het halletje. 'Blijf jij maar hier, dan pak ik hem even.'

Was die even uitgekookt, zeg! Ik juichte in stilte. Zo zachtjes mogelijk deed ik een stapje achteruit en tuurde naar de achtergevel van Jochems huis, naar de uitbouw met het platte dak en de twee hoge glas-in-loodramen erboven.

Yes! Ik zag Marscha het voorste raam omhoogschuiven en haar duim opsteken.

Volgens mij had Bertje het ook gezien. Hij kwispelde en gaf plotseling een ruk aan de riem. Ik viel bijna voorover, maar Stanley hield me tegen. Tim greep Bertje bij zijn haren en daar schrok dat suffe beest zo van, dat hij begon te piepen.

'Hondenkoekje,' zei Tim zacht.

Razendsnel propte ik er eentje in Bertjes bek.

Stom! Ik had net zo goed een rotje kunnen afsteken. Het gekraak was oorverdovend. En tot overmaat van ramp stapten Marscha en Jochem precies op dat moment naar buiten!

'Wat een raar geluid,' zei Jochem.

Ik pieste bijna in mijn broek van angst, maar toen riep Marscha: 'Jakkes, het zijn vast ratten! Kom, ik wil hier weg.'

Voetstappen. Ik gluurde weer langs de container en zag Jochem en Marscha aan het einde van het steegje de hoek omslaan.

'Jemig, die Marscha,' fluisterde Karin. 'En ik maar denken dat ík koelbloedig was.'

QUIZZZZ

Ben jij zo'n koelbloedig type dat overal op afstapt? Of bijt jij bij het minste of geringste je nagels al af? Om erachter te komen hoe moedig je bent, hoef je maar één ding te durven: deze *Glow*-test!

1. Je kijkt met je vriendinnen naar een horrorfilm. Dan komt de scène met de kettingzaag en dus...

a. begin ik keihard te lachen, want dit is zóóó nep.

b. durf ik alleen nog door de spleetjes tussen mijn vingers te gluren.

c. Moet ik ineens heel toevallig hoognodig naar de wc. Kan toch?

2. Je bent alleen thuis en hoort rare geluiden in de gang. Inbrekers! Wat doe je?

a. Ik pak mijn hockeystick en ga erop af.

b. Ik sluip naar de telefoon en bel fluisterend de politie.

c. Ik verstop me achter het gordijn en hoop dat ze mij niet zullen ontdekken.

3. Je vriendin wordt gepest op het schoolplein. Hoe reageer je?

a. Ik mep die pestkoppen met mijn rugzak bewusteloos, want van mijn vriendin moeten ze afblijven.

b. Ik zeg tegen de pesters dat ze moeten stoppen en als dat niet helpt, vraag ik een leraar om hulp.

c. Ik probeer onzichtbaar te zijn, want anders gaan ze mij straks ook nog pesten.

4. Hoe ziet jouw favo vakantie eruit?
   a. Ik wil bungeejumpen, wildwatervaren of bergbeklimmen. Als het maar actief en spannend is!
   b. Ik vind het leuk om nieuwe mensen te ontmoeten, tijdens de campingdisco of in een pretpark.
   c. Eerlijk gezegd blijf ik het liefst gewoon lekker thuis.

5. Met biologie moet je (echte!) koeienogen bestuderen. Wat is jouw reactie daarop?
   a. Ik probeer er eentje te pikken, zodat ik die straks in het etui van mijn broer kan stoppen. Lachúúú!
   b. Ik weiger en geef de leraar een lesje over dierenrechten.
   c. Ik val flauw.

Heb je vooral a gekozen? Dan ben jij een *superhero*. Is er iemand in nood, dan speel jij zonder aarzelen voor reddende engel. Je houdt van spanning en avontuur. Knikkende knieën zijn jou vreemd, je wilt alles een keertje gedaan hebben en vliegt van de ene naar de andere kick. Zelfs filmhelden verbleken bij jou. Het is heerlijk dat je zo vrij en vol zelfvertrouwen in het leven staat. Maar bedenk wel: als je je zonder eerst na te denken in gevaarlijke situaties stort, kan het ook wel eens misgaan. Probeer vooraf de mogelijke consequenties te overzien, zodat je een slimme keuze kunt maken.

Heb je vooral b gekozen? Dan ben jij een *common sense girl*. Je kunt heel goed onderscheid maken tussen lekker griezelen en echt gevaar. Je staat open voor nieuwe situaties en mensen. Maar als het nodig is, roep je net zo gemakkelijk hulp in. Er is niks mis mee om in bepaalde situaties angst te voelen. Die emotie kan namelijk je hachje redden. Jij gebruikt je gezond verstand en daar kan een ander nog wat van leren!

Heb je vooral c gekozen? Dan ben jij een *angsthaasje*. Alles wat nieuw, spannend of eng is, ga jij bij voorkeur uit de weg. Dat geeft misschien wel een veilig gevoel, maar op die manier mis je ook heel veel leuke dingen. Natuurlijk hoef je niet te gaan parachutespringen, maar van een ritje in de achtbaan of een leuk gesprek met mensen die je (nog) niet kent, ga je heus niet meteen dood. Als je stapje voor stapje je angsten overwint, zal dat je ego alleen maar versterken. Je denkt beter over jezelf en ook je vriendinnen zullen het waarderen.

Glowtip: Het is logisch dat je op bepaalde, stressvolle momenten angstig bent. Maar sommige meiden worden al bang bij het idee aan wat er zou kúnnen gebeuren. Nog voor ze in de tandartsstoel zitten, zijn ze op van de zenuwen. Maar voor hetzelfde geld valt het allemaal mee en blijk je geen gaatjes te hebben. Heb je je al die tijd druk gemaakt voor niets! Ken je het spreekwoord: de mens lijdt het meest door het lijden dat hij vreest? *Be brave* en laat angst niet je leven bepalen!

Huiszoeking

Karin stak haar zaklamp achter haar broekband, viste een bivak-muts uit haar zak en rolde hem over haar hoofd.

'Je lijkt net een echte inbreker,' zei ik.

'Moet ook,' klonk het gedempt vanachter de stof. 'Het is natuur-lijk wel strafbaar wat we gaan doen en als ze me snappen, wil ik niet herkend worden.'

Ik zag ineens niet Jochem maar óns in een politiecel zitten. On-danks de kou kreeg ik het bloedheet.

'Ready, schatje? Dan duw ik je op het platje.' Said ging tegen de muur staan en maakte met zijn handen een opstapje.

Karin zette haar voet erop en zocht steun aan zijn schouder. Ik gaf haar een kontje en duwde haar omhoog. Als een ooievaar op één been stond ze wiebelend tegen de muur aan geplakt. Ze strekte haar armen, tastte naar de rand van het dak en probeerde zich er-aan op te trekken. 'Het lukt niet,' gromde ze.

'En als je op mijn schouders gaat staan?' Tim hurkte vlak achter haar.

Het leek net een circusact! Karin plantte haar vrije voet op Tims linkerschouder. Toen verhuisde ze haar rechtervoet van het op-stapje naar zijn rechterschouder. Terwijl ze zich aan de dakrand vastklemde, ging Tim langzaam omhoog. En Karin dus ook.

'Goed zo, schatje, goed zo,' moedigde Said haar aan.

Statig rees ze boven de dakrand uit. Ten slotte stond Tim als een kaars rechtop en kon Karin op het dak klauteren. Het eerste deel van onze missie was geslaagd!

Said en Tim deden een high five. Karin trippelde over het dak naar het raam. Ze schoof het verder omhoog en klom naar binnen. Ik zag het vage schijnsel van haar zaklamp. Even later maakte ze de voordeur voor ons open.

'Succes,' zei Tim, die buiten op de uitkijk bleef staan. We hadden afgesproken dat hij bij onraad zou miauwen als een kat.

De deur viel achter ons dicht. We slopen achter Karin aan naar boven.

Said sloot de luxaflex aan de voorkant. 'Oké, nu kan het licht aan.' Stanley drukte op het knopje. 'Huh?' Hij knipperde met zijn ogen. 'Volgens mij zijn andere inbrekers ons al voor geweest.'

'Nee, hoor. Het is hier altijd zo'n puinzooi.' Ik maakte Bertjes riem los. 'Bovendien hadden ze dan zijn computer wel meegenomen.'

De laptop stond nog aan. Op het scherm regende het sterren.

'Misschien staat er informatie op over zijn drugshandeltje!' Said ging op de bureaustoel zitten en klikte met de muistoets de screensaver weg.

'Moet je dan zijn wachtwoord niet weten?' vroeg ik.

'Niet nodig. Die sukkel heeft hem gewoon online laten staan.' Said controleerde meteen de mailbox en scrolde door de berichtjes.

Ik keek met hem mee. Vragen over websites en het onderhoud ervan. En een mailtje van Marscha over heel andere dingen. 'En bij verwijderde items?' vroeg ik.

Said leunde teleurgesteld achterover. 'Leeg.'

Bertje liep snuffelend de kamer rond en likte een paar broodkruimels van de vloer.

'Laten we ook maar gaan zoeken.' Karin stopte haar zaklamp weg. 'Zakken of potten met pilletjes en alles wat er maar op lijkt.'

Said doorzocht het bureau. Stanley en ik keerden het matras om. Karin danste rond en tikte met haar hakken op de vloer.

'Wat doe jij nou?' vroeg ik. 'De flamenco?'

'Criminelen hebben vaak geheime bergplaatsen,' antwoordde ze. 'Een geheim luik in de vloer of een kluisje in de muur, dat verstopt zit achter een schilderij.'

Jochem had alleen maar posters. Ik trok de puntjes los, zodat ik erachter kon kijken.

Bertje stak zijn snuit in een doos met kleren. Stanley duwde hem opzij en graaide tussen Jochems onderbroeken.

Ik grinnikte. 'Hopelijk zijn het schone.' Tot mijn verbazing maakte ik me niet eens meer zo druk. Jochem zat veilig met Marscha in de bioscoop en we hadden nog minstens een uur.

Karin kreeg ineens een aha-blik. 'Het medicijnkastje!' riep ze. 'Waar is de badkamer?'

Ik knikte naar de deur tegenover het keukenblok. 'Dan doe ik de keukenkastjes.' Ik startte met de bovenste rij. Borden, mokken, een zak met brood en een pot pindakaas...

Pling, deed de laptop.

'Er komt een mailtje binnen.' Said zweeg even. 'Dit zou wel eens iets kunnen zijn: vrijdagavond om zeven uur op het va...'

Trrrrrrrr! klonk het plotseling keihard.

De deurbel! Het geluid ging door merg en been.

En toen begon Bertje ook nog te blaffen!

Karin kwam uit de badkamer. 'Licht uit! Dan denken ze dat er niemand thuis is.'

Behalve de hond dan toch.

'Bertje!' Ik hield een hondenkoekje omhoog.

De snoepkont stopte meteen met blaffen en kwam naar me toe. Ik zette hem klem tussen mijn benen. Stanley ramde op de lichtknop. Het werd acuut donker. Het laptopscherm was het enige lichtpuntje in de duisternis. Lichtrechthoekje.

Trrrrrrrrrr!

Ik kromp in elkaar en duwde mijn gezicht in Bertjes harige vacht. Mijn hart ging tekeer als een stoomlocomotief.

Trrrrrrrrrrrrrrrr!

Ga weg, ga weg, wenste ik.

**Problemen met je lijf,
je lover of je ouders?
Vraag Manja om raad!**
(Ook anonieme brieven
worden beantwoord)

Lieve Manja,
Kun je van pure angst een hartaanval krijgen?
Me

Lieve Me,
*Tijdens een stresssituatie gaat je hart vaak sneller slaan. Sommige
mensen denken dan dat ze een hartaanval krijgen. Gevolg: ze worden nog angstiger en gaan zweten en nog vlugger ademen. In wer-
kelijkheid gaat het hier om een paniekaanval. Oorsuizingen, bijna
flauwvallen, druk op de borst, misselijkheid, het hoort er allemaal
bij. Als je hyperventileert – dan heb je je adem niet meer onder con-
trole en lijkt het net alsof je bijna stikt – is het slim om in een zakje
te ademen tot je weer rustig wordt. Probeer te ontspannen en jezelf
gerust te stellen. Hoe minder jij je zorgen maakt, hoe eerder de paniekaanval voorbij is.*
Manja

Bewijsstukken

De deurbel bleef maar rinkelen. Gek werd ik ervan!

'Ik ga kijken.' Stanley ging op fluistertenen naar het raam.

'Zou je dat nou wel doen?' vroeg ik benauwd.

Maar hij wurmde zich al door de opening en stapte op het platte dak.

Stemmen. De bromstem van Said en...

'Tim!' Ik vloog naar het raam.

'Hij zou toch miauwen?' vroeg Karin.

Stanley kroop weer naar binnen. 'Heeft hij gedaan, maar we hoorden het niet. Marscha stuurde een sms'je, ze komen eraan.'

'Shiiiit.' Karin klikte haar zaklamp aan en scheen wanhopig in het rond. 'Waar heeft hij die pillen nou verstopt?'

Said wilde het blijkbaar ook nog niet opgeven en ramde op de toetsen van de laptop.

'Zijn jullie doof?' Stanley sloot het raam met een klap. 'Vooruit, wegwezen!' Hij liep vlug naar de andere kant van de kamer en trok de luxaflex bij de ramen aan de straatkant weer omhoog.

Ik lijnde Bertje met moeite aan en holde met hem de trap af. In mijn haast gleed ik bijna uit over de folders in het halletje op de grond. Snertdingen! Ik zocht steun aan het winkelwagentje. Er lag een verdwaald champignonnetje in.

Champignon. Paddenstoel. Mijn hersens maakten kortsluiting en de stem van Jochem galmde in mijn oren: '...nu groeit er een zwam in dat kastje, zooo groot, dat wil je niet weten.'

Gezwam!

'Je mobieltje!' riep ik tegen Tim. 'Hoe moet ik filmen?'

'Zo, maar...'

Ik griste het uit zijn hand. 'Later.'

De anderen kwamen nu ook de trap af gedenderd.

'Hou jij Bertje vast.' Ik drukte de riem in Stanleys hand. 'Ik moet nog even...'

'Maar... Fay!' Zijn stem buitelde me achterna.

Geen tijd. Ik vloog naar boven en deed het licht weer aan. Filmen. Eerst een totaalbeeld van de kamer, daarna zoomde ik in op het keukenblok. Rechterdeurtje open...

Niks zwam. Op de plank stond een pot met nog een paar roze pilletjes!

Ik hield het mobieltje er vlakbij en...

Een hand op mijn arm! Ik sprong bijna een meter in de lucht van schrik. Toen drong het tot me door dat het Stanley was. Hij sleurde me mee. De kamer door – licht uit! – de donkere trap af. Toen waren we buiten.

Stanley smeet de deur achter ons dicht. 'Verstoppen, vlug!'

We hurkten naast de anderen achter de containers. Bertje duwde zijn koude neus in mijn hand.

'Daar zijn ze,' fluisterde Karin.

Inderdaad! Ik herkende het geklikklak van Marscha's hakken.

'Kom je nog naar boven?' hoorde ik Jochem vragen.

'Ander keertje,' zei Marscha. 'Kruip jij nou maar lekker in bed.'

We gingen naar snackbar Broodje Piraat om bij een colaatje na te praten.

'In de pauze kreeg Jochem ineens vreselijke maagkrampen,' vertelde Marscha. 'Iets verkeerds gegeten of zo.'

'Of geslikt,' zei Karin.

Marscha frummelde aan het lipje van haar blikje. 'Gelukkig kon ik jullie sms'en toen hij op de wc zat.'

'Het scheelde maar een haartje of jullie hadden ons betrapt.' Tim schudde zijn hoofd. 'Die sufferds deden niet open.'

'En toen ging Fay ook nog terug naar boven,' mopperde Stanley.

'Ja, waarom eigenlijk?' Karin keek me nieuwsgierig aan.

Ik legde Tims mobieltje op tafel en glimlachte geheimzinnig.

'Beetje filmen.'

Met open mond bekeken ze de opname.

'Je kunt wel voor de roddelbladen gaan werken,' zei Karin afgunstig.

'Fay, de nieuwe paparazzo van *Privé*,' rapte Said.

'Over werken gesproken.' Stanley stond op. 'Ik ga even vragen of ze hier geen baantje voor me hebben.'

Marscha rekte zich uit. 'Morgen gaan we naar de politie.'

Karin knikte. 'Harde bewijzen genoeg.'

'Vergeten jullie niet iets?' Said keek trots in het rond. 'Dat mailtje... Ik heb het doorgestuurd naar DST.'

'Goed, man!' Karin mepte hem zo hard op zijn schouder dat hij bijna voorover sloeg.

'Welk mailtje?' vroeg Marscha.

Said begon te vertellen. Mijn ogen dwaalden af naar Stanley, die met de man achter de counter praatte. Even later slenterde hij met zijn handen in zijn zakken terug naar ons tafeltje.

'En?' vroeg ik, maar eigenlijk wist ik het antwoord al.

Hij schudde moedeloos van nee.

Amerika, zanikte een stemmetje in mijn hoofd.

IN THE PICTURE
Glow duikt in de wereld van de paparazzi

Sterren

Ze flitsen voorbij in *Shownieuws* en prijken met hun foto's in de bladen: popsterren, filmsterren en zelfs politici. Als je ook maar een beetje beroemd bent, wil blijkbaar iedereen alles van je weten: hoe je woont, met wie je het doet...

Dus liggen de paparazzi in de bosjes, klimmen over schuttingen en verstoppen zich zelfs in vuilnisbakken om die ene alles onthullende foto te maken.

Make you or break you

Zonder publiciteit word je niet beroemd. Vooral Paris Hilton heeft dat goed begrepen. Deze societyster weet door haar uitbundige levensstijl en wilde feestjes telkens weer de roddelpers te halen. De hele wereld keek toe toen ze achter de tralies verdween omdat ze te hard en zonder rijbewijs had gereden. Luxepaardje Paris stortte meteen in. Die lelijke oranje gevangenisoverall ging ze dus echt niet aantrekken! Ook weigerde ze te douchen of te eten (wat erin gaat, moet er ook weer uit) want ze was doodsbang dat iemand haar op de wc of tijdens het wassen op de gevoelige plaat zou vastleggen. *No press in prison*, moet ze gedacht hebben.

De nieuwe paparazzi

De vrees van Paris was niet ongegrond. Met de huidige technieken is het voor sterren constant oppassen geblazen. Niet alleen voor beroepsfotografen, maar ook voor de nieuwe paparazzi. Oftewel: iedereen met een mobieltje met ingebouwde camera. Senator Burns werd gesnapt toen hij tijdens een discussie over landbouw bijna wegdommelde en staat nu op YouTube: *Conrad Burns' naptime,* met een slaapliedje als achtergrondmuziek. Lange Frans werd tijdens een optreden met een ijsklontje bekogeld. Hij sprong in het publiek en mepte erop los. Enkele uren later stond het filmpje – oeps – op internet.

Gloweetje: De term paparazzo (enkelvoud van paparazzi) werd voor het eerst gebruikt in de film *La Dolce Vita* van Fellini. Het was de naam van een opdringerige fotograaf, die daarin meespeelde.

Ziekenbezoek

De volgende ochtend zaten we nog voor openingstijd met zijn allen in de ComCorner.

Marscha had de mailbox van DST aangeklikt. 'Moet je zien wat veel inschrijvingen!'

Said was niet geïnteresseerd in de nieuwjaarsduik. 'Scrollen, scrollen. Ho, dat is hem!'

We lazen zwijgend: *Vrijdagavond om zeven uur op het vaste adres met het afgesproken bedrag. Dit is je laatste kans. Als je niet komt, weten we je te vinden.*

Tim keek naar de afzender. 'Van Mister X.'

'De drugsmaffia,' zei Karin. 'Zeker weten.'

'Ze hebben hem in de tang.' Marscha zuchtte. 'Arme Jochem.'

Hallo, hij had wel foute pilletjes aan Marie-Fleur gegeven!

'Als we nog naar de politie willen, moeten we nu gaan,' zei ik met een blik op het klokje van de laptop.

'Dat doen we dus niet!' Marscha draaide zich om. Haar zilverkleurig geschilderde ogen vonkten. 'We moeten Jochem helpen, anders nemen ze wraak.'

'Dus?' vroeg Stanley.

'Gaan we Jochem volgen!' riep Karin meteen. 'En dan brengt hij ons naar Mister X en rollen we het hele netwerk in één keer op.'

Ze had duidelijk te veel actiefilms gezien.

'We hebben niet eens een auto,' zei ik.

'Misschien gaat Jochem gewoon te voet.' Marscha kreeg iets pitbull-achtigs over zich. 'En Stanley heeft een scooter.'

Bertje blafte, alsof hij wilde zeggen: ik wil ook mee!

'Het wordt supergaaf.' Karin hield haar paardenstaart als een snor onder haar neus. 'We vermommen ons en houden contact via onze mobieltjes.'

'Net als bij *Spooks*,' zei Tim enthousiast. 'Je weet wel, die tv-serie.'
Het leek wel alsof er ineens een besmettelijk virus was uitgebroken. Al hun hersens waren aangetast!
'Het DST-team.' Said gaf een drumsolo weg. 'Fast, strong and mean.'
Oom Rien kwam uit de keuken. 'Heb ik iets gemist?'
'Nou en of, oompje!' Marscha deed vlug de laptop dicht. 'We hebben wel vijftig aanmeldingen voor de nieuwjaarsduik!'

's Middags regende het pijpenstelen. Er waren zo weinig klanten dat oom Rien het gemakkelijk in zijn eentje afkon. Stanley zat in de ComCorner en surfde van de ene naar de andere vacaturebank. Aan zijn gezicht te zien, had hij nog niet veel succes.
'Ik hoop dat hij een baantje vindt,' zei ik tegen Marscha. 'Anders voel ik me hartstikke schuldig.'
Ze beet op haar lip. 'Sorry hoor, maar...'
Ik wilde niet horen wat ze ging zeggen. 'Stanley heeft zélf besloten om niet naar Amerika te gaan.'
'Oké, oké.' Ze haalde haar schouders op en zwaaide door het raam. 'Daar zijn ze.'
De feestcommissie kwam druipend binnen, met een wagonlading aan plastic tassen.
'Is dat allemaal voor Marie-Fleur?' vroeg ik verbaasd.
Said grinnikte. 'Nee, we hebben alleen maar een kralen armbandje voor haar gekocht.'
'Roze.' Tim deed alsof hij moest overgeven.
'De rest is vermommingsmateriaal,' fluisterde Karin in mijn oor.
Oom Rien had net een kop koffie naar de allerlaatste klant gebracht. 'Gaan jullie nou maar op ziekenbezoek,' zei hij. 'Er is hier toch niks te doen.'
We trokken meteen onze regenpakken aan.

Marie-Fleur zat in de televisiekamer – zo noemen ze bij haar thuis de minibioscoopzaal, waar je op de hoge, witte muur met een beamer films kunt projecteren.

115

Tim zonk naast haar op de bank. 'Hoe is het?'

Haar wangen werden rood. 'Goed.' Ze keek niet naar hem maar naar Nicole Kidman, die over de wand bewoog.

'We waren ons anders rot geschrokken.' Marscha liep naar de beamer en zette hem uit.

'Het spijt me,' zei Marie-Fleur hees. 'Ik wist niet dat het fout zou gaan.'

Karin legde een kussen op de grond en ging erop zitten. 'Hallo, als je drugs gebruikt...'

Marie-Fleur trok de mouwen van haar zalmroze trui langer, alsof ze erin wilde verdwijnen.

Ik vond het vreselijk om haar zo te zien. Ze leek niet meer op de Marie-Fleur die ik kende. Ik miste mijn oude vriendin. Zélfs haar opschepperige verhalen over dure spullen en luxe feestjes.

'We weten dat Jochem je die pillen heeft gegeven,' zei Stanley zacht.

Er ging een schokje door haar heen. 'Hoe...'

'We hebben wat speurwerk verricht.' Marscha zocht een plekje op de armleuning.

'Het was mijn eigen schuld dat het misging.' Marie-Fleur staarde nog steeds naar de muur. 'Op kerstavond had ik me zo fijn gevoeld en dat wilde ik nog een keertje. Maar toen ik op tweede kerstdag weer een pil nam, gebeurde er niks. Ik dacht: ik neem er gewoon nog eentje.' Ze slikte. 'De artsen zeiden dat het een overdosis was.'

Iedereen zweeg ongemakkelijk.

Tot Said de stilte verbrak: 'Cadeautje!'

Marie-Fleur pakte het gelaten uit. 'Bedankt, echt supermooi.'

Ik hielp haar met het slotje. 'Hoe is het nu met je ouders?'

Hèhè, ze keek ons eindelijk aan. 'Ze gaan in relatietherapie.'

'En die ander dan?' kon Karin niet nalaten om te vragen.

'Dat is voorbij.' Marie-Fleur glimlachte zuur. 'Is die xtc toch nog ergens goed voor geweest.'

'Het komt vast weer wel in orde,' zei ik.

Marscha wiebelde ongedurig met haar voet. 'Maar je hebt dus niemand van Jochem verteld?'

Marie-Fleur schudde haar hoofd. 'Hij wilde me alleen maar helpen, dus zei ik dat ik het zakje met pilletjes toevallig gevonden had.'

'Noem dat maar helpen.' Karin snoof.

Inderdaad. Jochem had niet alleen gaatjes in zijn oren maar ook in zijn hoofd!

Uit Marscha's ogen kwamen laserstralen. 'Je hebt dat mailtje toch gelezen. Jochem kan er vast niks aan doen.'

'Mailtje?' vroeg Marie-Fleur.

**Problemen met je lijf,
je lover of je ouders?
Vraag Manja om raad!**
(Ook anonieme brieven
worden beantwoord)

Lieve Manja,
Mijn vriend heeft een (tijdelijke) baan in Amerika afgezegd, omdat
we elkaar niet zo lang willen missen. Maar nu lukt het hem maar niet
om hier werk te vinden. De laatste tijd is hij best wel down, en daardoor voel ik me schuldig. Wat moet ik doen?
Vraagtekentje

Lief Vraagtekentje,
Diep in je hart weet je het antwoord waarschijnlijk zelf al wel: laat
je vriend naar Amerika gaan. Natuurlijk is het vervelend dat jullie el-
kaar een poosje niet zien, maar hij heeft er blijkbaar alles aan gedaan
om bij jou te kunnen blijven. Nu is het jouw beurt. Als je echt om
hem geeft, gun je hem deze kans. Hij vertrekt niet voor eeuwig!
Manja

De achtervolging

Het was vrijdagavond. De maan hing rond en vol in de wolkenloze lucht. Zelfs in het steegje bij Jochems huis was het niet echt donker. Tim en ik stonden te klappertanden achter de containers. Ik droeg een hoofddoek en een bril met een dik montuur. Tim had zijn capuchon over zijn hoofd geschoven en op zijn bovenlip plakte een vals rood snorretje. Hij zag eruit als een foute acteur uit een B-film.

'Volgens mij hoor ik iets,' fluisterde hij.

Inderdaad. De deur ging open en weer dicht.

Ik loerde langs de container naar Jochem. Hij friemelde aan zijn oorringetjes en wreef met zijn mouw over zijn voorhoofd. Blijkbaar was hij net zo zenuwachtig als ik. Hij schudde met zijn armen – ontspanningsoefeningen, dacht ik – rechtte zijn rug en liep met grote passen weg.

Zodra hij uit het zicht was verdwenen, renden Tim en ik geruisloos op onze gympen naar het einde van de steeg. Ik stak mijn hoofd om het hoekje. Bij de bakker hield een gehelmde jongen op een scooter zich met één voet op de stoeprand in evenwicht. Stanley.

Jochem passeerde hem en sloeg rechts af.

'Hij gaat de Vuurtorenlaan in,' zei ik.

Tim belde Marscha met zijn mobiel. 'Met Alfa één. Doelwit bevindt zich in de Vuurtorenlaan.' Hij luisterde even en knikte toen naar mij. 'Alfa twee wacht hem op bij Broodje Piraat.'

Ik grinnikte. 'Alfa, doelwit?'

'Bij de geheime dienst praten ze echt zo,' zei Tim bloedserieus.

We holden naar Stanley – Alfa drie, gokte ik – en seinden hem in. Hij startte de scooter en reed een blokje om, op naar de volgende post. Tim en ik schoten de Vuurtorenlaan in. In de verte zagen we Marscha met Bertje bij een helverlichte etalage staan. Ze was totaal onherkenbaar met haar rode krulletjespruik en het kussen onder haar jas.

Tim grinnikte. 'Ze lijkt wel zwanger.'

Ze pakte haar telefoon.

Even later ging die van Tim over.

'Alfa twee.' Hij hield zijn mobiel bij zijn oor en herhaalde wat Marscha hem vertelde. 'Het doelwit gaat in de richting van de oude pakhuizen. Alfa vier vangt hem daar op.'

'Alfa's,' zei ik, want hij bedoelde Said, Karin en Marie-Fleur.

We haastten ons via een alternatieve route naar de pakhuizen in de Zeemansstraat. De meeste panden waren omgebouwd tot luxe-appartementen, maar de laatste drie zagen er juist armoedig uit: dichtgetimmerd en beklad met graffiti.

De rest van het achtervolgingscomité was er al. Ze leunden tegen de muur bij een groene poort met UITRIT VRIJLATEN erop.

'Jochem is hier naar binnen gegaan,' zei Marie-Fleur. Ze had een wollen muts tot diep over haar oren getrokken en haar das was zo hoog opgeknoopt dat je alleen haar ogen kon zien.

Ze leek net een eskimo die een bank gaat overvallen.

'De perfecte plek voor een illegaal laboratorium, wedden?' Karin trok de klep van haar baseballcap verder naar beneden, zodat er een donkere schaduw over haar gezicht viel.

'Je baard hangt los,' zei ik.

'Oeps.' Ze drukte hem steviger tegen haar kin. 'Zullen we?'

De politie bellen, dacht ik. Maar Karin had heel andere plannen. Met haar zaklamp in de aanslag duwde ze de poort op een kier. 'Een parkeerplaats,' fluisterde ze. 'En een deur.'

'Lets'go to the labo,' rapte Said.

Mijn hele lijf stond meteen strak als een elastiek. Ik had het gevoel dat ik moest gaan bungeejumpen.

'Momentje.' Marie-Fleur haalde een flesje parfum uit haar tas. 'Gucci Envy. Werkt minstens zo goed als pepperspray.'

Gelukkig, ze deed weer normaal! Nou ja, voor Marie-Fleur dan.

We glipten één voor één door de poort.

De parkeerplaats werd niet vaak meer gebruikt, want tussen de tegels groeide onkruid. Er stond maar één auto. Van Mister X, gokte ik.

In elkaar gedoken en zo dicht mogelijk tegen de muur aan, slopen we Karin achterna. Onze schaduwen schoven naar de deur. Zeven reuzen en een wolf.

'Hij is open,' fluisterde Karin.

Marie-Fleur hield het parfumflesje als een wapen voor zich uit. Toen stapten we het donker in.

PSSSSSSSSSJT!
Glows grote geurtjesspecial

Duur, duurder, duurst

Parfum is big business. Luchtjes uit een flesje zijn vaak stinkend duur. Hoe hoger de concentratie van de geur, hoe prijziger. Voor parfum (15 tot 30 procent geurstoffen) betaal je het meest, maar daar hoef je dan ook maar een paar druppels van te gebruiken. Daarna krijg je eau de parfum (10 tot 15 procent), dan eau de toilette (5 tot 10 procent) en eau de cologne (3 tot 5 procent). Tot slot heb je ook nog eau fraîche (1 tot 3 procent), een verfrissend watertje met een piepklein beetje citrusparfum. Lekker als je gaat sporten, daarom wordt het ook wel eau de sport genoemd.

Neus

Kun jij supergoed ruiken? Dan is parfumuitvinder – oftewel neus – misschien wel een geschikt beroep voor jou. Zo iemand maakt uit basisgeuren een nieuw parfum.

Zooo veel geurtjes

Je hebt oosterse, bloemige, fruitige en kruidige parfums. Overdag is het slim om een fris en licht luchtje op te spuiten (anders valt de hele klas in zwijm). Maar als je 's avonds naar een feestje gaat, kun je ook best voor een wat zwaardere geur kiezen. Ruikt je vriendin heel lekker? Ren dan niet meteen naar de winkel om hetzelfde merk te kopen als zij! Bij jou kan het juist erg stinken. Parfum heeft op iedereen een andere uitwerking, afhankelijk van je huidtype, je zweetgedrag en zelfs van wat je eet. Test een luchtje eerst uit op jezelf (en dus niet op een papieren strookje). Aan het eind van de dag werkt je neus het beste en is het prima geurshoppen.

Geurtest

Probeer maximaal drie luchtjes uit. Meer kan je neus niet aan. En neem de tijd, minstens tien minuten per geurtje. Je ruikt de geuren van een parfum namelijk niet allemaal tegelijk, maar in verschillende fasen (tonen). Eerst de topnoot (vaak citrusgeuren), dan de hartnoot (bloemige geuren) en tot slot de grondnoot (dat is de basis, die het karakter van de geur bepaalt).

Glowtips

Bewaar je luchtjes koel en donker (zon en warmte kunnen de geur aantasten). Na het douchen staan je poriën open en neemt je huid het parfum het beste op. Effectieve parfumplekjes: je polsen, het kuiltje in je hals, de holtes van je ellebogen en zelfs je haar. Gebruik niet te veel. Het is voor anderen niet prettig om in jouw walm te zitten. Als jij het niet meer ruikt (je neus raakt eraan gewend) ruiken anderen het nog wel. Dus je hoeft echt niet de hele dag lopen spuiten!

Lab

Pssssjt! hoorde ik.

Het kwam bij Marie-Fleur vandaan. Die mafkees liet het dure Gucci Envy nevelen!

'Anders stinkt het hier zo,' zei ze.

Dat ze nog kon ruiken met die das voor haar neus.

'Logisch,' fluisterde Stanley. 'Bij het maken van xtc-pillen komen giftige dampen vrij.'

Letterlijk én figuurlijk een zaak met een luchtje, dacht ik.

Karin richtte haar lamp op het plafond. Ik zag hoge balken en stoffige tl-buizen. Toen liet ze de lichtcirkel omlaagglijden, naar de muur waarlangs witte dingen zachtjes stonden te brommen. Diepvrieskisten. Zes stuks, netjes op een rij.

'Het lijkt meer op een witgoedfabriek dan op een lab,' zei Marscha zacht.

'Nee, hoor.' Stanley liep erheen en maakte er eentje open. 'Emmers met halffabrikaat, als ik me niet vergis.'

'Hoe weet je dat allemaal?' vroeg ik.

'Opgezocht op internet.' Hij deed het zaklampje op zijn mobiel aan en scheen in het rond. 'En in die tonnen zitten liters grondstoffen. Methanol, aceton, zoutzuur en zo.'

Tim grinnikte. 'Het lijkt wel een spreekbeurt.'

Stanley ging onverstoorbaar verder, als de gids in een museum. 'En met die machine daar kunnen ze pillen draaien.'

'Niet normaal en hartstikke illegaal,' rapte Said.

'Zullen we nu dan de politie bellen?' stelde ik voor.

'En Jochem dan?' Marscha had het lampje van haar telefoon ook aangedaan. Ze trok Bertje mee naar een dubbele deur met kleine ruitjes. 'Als hier ineens agenten binnenstormen, denken die drugsdealers dat hij hen heeft verlinkt. Wie weet wat ze hem aandoen.'

Vastberaden legde ze haar hand op de klink. 'Ik ga hem zoeken.'

'Maar, Marsch...' probeerde ik.

Ze verdween door de deuropening. Stanley vloekte.

'Tja, nu moeten we wel,' zei Karin. Aan haar stem te horen, vond ze het eigenlijk wel kicken.

'Tim en Marie-Fleur wachten buiten,' commandeerde Stanley. 'Als we over tien minuten nog niet terug zijn, waarschuwen jullie de politie.'

Ik snakte ook naar frisse lucht. Stomme Marscha!

Maar als er iets met haar gebeurde, zou ik het mezelf nooit vergeven...

Ik liet mijn plakkerige hand in die van Stanley glijden. Mijn benen leken van rubber en in mijn buik kroop een complete mierenkolonie rond.

Karin en Said kwamen geruisloos achter ons aan. Ik kon hun hete adem voelen.

Stanley maakte een van de deuren open. Ik moest mezelf over de drempel duwen.

We kwamen in een lange hal met aan de linkerkant ramen en aan de rechterkant een soort kantoortjes. Halverwege zagen we een streepje licht op de vloer.

'Lampen uit,' zei Stanley op fluistervolume.

We slopen verder in het licht van de maan. Daar zat Marscha! Ze had ook haar lampje gedoofd en was zo ongeveer ín de muur gekropen. Bertje zat als een standbeeld naast haar op de grond, met zijn oren als antennetjes rechtop.

Uit het kantoortje bij de lichtstreep kwamen stemmen.

'Maar dit is echt de laatste keer dat ik voor jullie ga dealen.' Jochem! Zijn stem ging als een achtbaan van hoog naar laag. 'Die schuld is allang afgelost.'

Iemand barstte in lachen uit. 'Wel eens van rente gehoord? Iedere dag dat je broertje niet betaalde, kwam er vijftig procent bij.'

Een tweede man grinnikte met hem mee. 'We kunnen natuurlijk ook je huis leeghalen...'

'Of Kurtje verbouwen,' zei de eerste.

De haartjes in mijn nek gingen overeind staan.

'Rotzakken,' snauwde Jochem. 'Als jullie mijn broer ook maar met één vinger durven aan te raken...'

Bertje ontblootte zijn tanden en gromde.

Het werd ijzig stil in het kantoortje. Toen kreeg ik kippenvel over mijn hele lijf.

'Wat was dat?' vroeg een van de mannen.

Mijn hart knalde bijna uit mijn borstkas en ik ademde met gierende uithalen.

'Ik ga wel even kijken,' zei de andere man.

Stanley sloot zijn hand als een bankschroef om mijn pols. Hij sleurde me het dichtstbijzijnde kantoortje in en trok me mee achter een bureau. Said en Karin stommelden ook naar binnen en zochten dekking bij een ladenkast.

Waar bleef Marscha? Ik boog mijn hoofd zodat ik onder het bureau door kon kijken en tuurde ingespannen naar de gang.

Pfff! Daar was ze. Ik zag haar gebogen silhouet in de deuropening. En Bertje. Zodra Stanley op de vloer klopte, liet Marscha de halsband los. Bertje kwam naar ons toe en...

Néééééé!

Achter Marscha dook nog iemand op. Heel plotseling, als de man met de hakbijl in een griezelfilm. Nog voor we konden roepen, pakte hij Marscha vast en smeet haar het kantoortje in alsof ze een zak aardappelen was. Ze kwam met haar buik tegen de punt van het bureau. Het werd zwart voor mijn ogen en het voelde haast alsof ik ook in mijn maag werd gestompt.

'Dat zal je leren om je neus in mijn zaken te ste...' Nog voor de man was uitgesproken, vloog Bertje hem aan.

Stanley sprong op. Said en Karin kwamen achter de kast vandaan. Ik wilde ook overeind komen, maar ik stootte mijn hoofd tegen het bureaublad. Au! Duizelig van de pijn krabbelde ik op. Ik wankelde naar Marscha, die over haar dikke buik streek. Het kussen onder haar jas had haar gelukkig beschermd.

'Rotbeest!' De man trapte woest om zich heen.

Maar Bertje was in een soort Jaws veranderd en liet zijn prooi niet los. Zijn tanden hadden zich door de linkerpijp van de broek geboord en de stof kraakte vervaarlijk. Stanley en Said pakten ieder een arm van de man vast en probeerden zijn handen op zijn rug te krijgen.

'Goed zo!' riep Karin. Ze ging achter de man staan en klauwde zich vast aan zijn haar. Ze trok er zo hard aan dat het leek alsof hij een gratis facelift kreeg.

Dadelijk zitten zijn ogen op de plaats van zijn voorhoofd, dacht ik.

De man kermde en helde achterover en ik verwachtte dat hij zou gaan vallen en...

Toen ging de lamp in het kantoortje plotseling aan. Ik knipperde met mijn ogen tegen het felle licht. Een tweede man stond op de drempel. Hij had het figuur van Jerommeke, en in zijn hand glinsterde een pistool!

**Problemen met je lijf,
je lover of je ouders?
Vraag Manja om raad!**
(Ook anonieme brieven
worden beantwoord)

Lieve Manja,
Iemand die ik ken, wordt door een stel rotzakken onder druk gezet.
Hij moet iets voor ze doen wat hij helemaal niet wil, maar als hij niet
meewerkt, slaan ze zijn broer in elkaar. Daarom durft hij niet naar de
politie te gaan. Hoe kan ik hem helpen?
Wannabe-supergirl

Lieve Wannabe-supergirl,
Als jullie niet snel hulp zoeken, wordt het alleen maar erger. Breng
die broer tijdelijk naar een veilig adres en schakel je ouders en de po-
litie in. Zodra de daders zijn opgepakt, loopt niemand nog gevaar.
Het is echt de enige manier. Dit soort lui houdt zelden uit zichzelf
op.
Manja

Een reddende engel

Marscha en ik grepen elkaar vast. Karin keek om. Stanley en Said lieten hun armen slap langs hun lichaam vallen. Alleen Bertje rukte onverstoorbaar aan de broekspijp.

'Schiet die hond af,' zei de man tegen Jerommeke.

Ik voelde Marscha verstijven.

Ineens zag ik achter Jerommekes hoofd iets omhoogkomen. Het leek wel alsof er een boom uit zijn haren groeide.

'Dat dacht ik niet,' klonk de stem van Jochem.

Het was geen boom, maar Jochems hand met een asbak.

Toink!

Een heel harde asbak. Jerommeke zakte langzaam in elkaar. Het pistool vloog uit zijn hand en roetsjte over de vloer.

Karin liet zich op haar knieën vallen en dook eropaf. 'Hebbes.' Ze richtte de loop op de man. 'Liggen!'

Bertje gehoorzaamde meteen. Bij de man duurde het iets langer, zodat Said en Stanley hem een handje moesten helpen. Toen lag hij op zijn buik met zijn handen op zijn rug.

'Heeft er iemand een touw?' vroeg Stanley.

Ik gaf hem mijn hoofddoek, zodat hij daarmee de polsen van de man aan elkaar kon knopen.

'Die andere hou ik wel onder schot.' Karin zwiepte het pistool richting Jerommeke.

'Leg dat ding nou maar weg, schatje.' Said deed zenuwachtig een stapje opzij. 'Anders hebben we hier straks een bloedbadje.'

'Heus niet.' Ze schudde zo woest met haar hoofd dat haar baard aan één kant los floepte. 'Stel je voor dat die engerd bijkomt, dan...'

Knal!

Bertje piepte en kroop met zijn staart tussen zijn benen naar Marscha. Wij keken allemaal geschrokken naar de vloer. Er zat een kogelgat in, zo groot dat er gemakkelijk een tennisbal doorheen zou passen.

'Oeps,' zei Karin.

Said pelde het pistool voorzichtig uit haar vingers en legde het op het bureau. Ik slaakte een zucht van verlichting.

Jochem had al die tijd zwijgend bij de deur gestaan. Met een blik alsof hij niet kon geloven wat hij zag. 'Hoe komen jullie hier?' vroeg hij eindelijk. 'En waarom zien jullie er zo gek uit?'

Marscha deed in sneltreinvaart het hele verhaal. 'En toen kwam jij, onze reddende engel.'

Jochem staarde naar een punt op de vloer. 'Ik had die pillen nooit aan Marie-Fleur moeten geven.'

'Inderdaad,' zei Stanley koeltjes.

In de verte loeiden sirenes.

Jerommeke kwam bij en voelde kreunend aan zijn hoofd. Ik hoopte dat hij nog drie dagen koppijn zou hebben.

'Zorg dat hij niet wegloopt,' zei Marscha tegen Bertje, die inmiddels van de schrik bekomen was.

Als een bodyguard ging hij naast Jerommeke staan.

Er liep een legertje agenten door het pakhuis. Een man met rossig haar, die zich voorstelde als rechercheur Blotevogel, had de leiding. Hij belde een speciale eenheid om het illegale drugslaboratorium te ontmantelen.

Een paar politiemannen sloegen Jerommeke en zijn maat in de boeien en voerden hen af.

Blotevogel liet het pistool in een plastic zak glijden en gaf het mee aan een medewerker van het forensisch instituut. 'Zo,' zei hij. 'En nu gaan wij eens even babbelen.'

Marscha deed voor de tweede keer verslag. Blotevogel maakte afkeurende geluidjes met zijn tong en zei wel drie keer dat we superstom waren geweest omdat het ook heel anders had kunnen aflopen.

Daarna was Jochem aan de beurt. Met een haperende stem vertelde hij over zijn broertje Kurt. Kurt was twaalf, maar had het verstand van een jongen van zes. De mannen hadden hem overgehaald een vrachtje voor hen af te leveren, in ruil voor een doos speelgoedsoldaatjes. Die spaarde Kurt. Maar Kurt was de rugzak met pillen verloren en de mannen wilden geld zien. Veel geld. Ze hadden gedreigd om Kurt in elkaar te slaan, tenzij Jochem een tijdje als drugskoerier voor hen zou werken. Dat had hij gedaan. Maar daarna eisten ze dat hij ook nog voor hen ging dealen...

Marscha was naast hem gaan staan en streelde de hele tijd meelevend zijn schouder. Intussen keek ze rond met een blik van zie-je-wel-dat-hij-er-niks-aan-kon-doen.

Stanley snoof. 'En dat moest zo nodig in de Strandtent gebeuren?'

'Marie-Fleur had wel dood kunnen zijn.' Ik werd weer kwaad bij het idee.

'Hij wilde me die pilletjes helemaal niet geven.' Marie-Fleur had haar das afgedaan en wikkelde hem om haar pols. 'Ik heb hem gedwongen.'

'Hoe dan?' vroeg Tim ongelovig.

Karin voerde meteen een toneelstukje op. 'Geef op, of ik ram mijn stilettohak in je oog.'

'Bijna goed, alleen de tekst was iets anders.' Marie-Fleur liet haar stem een octaaf dalen. 'Geef op, of ik vertel aan iedereen dat je een drugsdealer bent.'

Even leek ze meer op een actionmanpop dan op een barbie.

'Ooooooh!' riep Marscha.

HAPPY NEW YEAR!!!

Wist je dat...

* het nieuwe jaar eerst overal
  op verschillende data begon?
  Tot de Spaanse landvoogd
  Requesens bepaalde dat het
  voortaan op 1 januari zou
  starten.
* er toch nog steeds bevol-
  kingsgroepen zijn die
  Nieuwjaar op een andere
  datum vieren? Joodse en
  Chinese mensen, bijvoorbeeld.
* nieuwjaarsvuren vroeger
  ook al gebruikelijk waren?
  Nu verbranden we kerstbomen
  voor de lol, maar toen stookten ze fikkies om kwade geesten te
  verjagen.
* men namelijk dacht dat die geesten vooral tegen het einde van
  het jaar verhaal kwamen halen? Dus maakte men ook nog eens
  een hoop lawaai om ze de stuipen op het lijf te jagen. Ja-ha, daar
  komt ons vuurwerk vandaan. Dus laat die rotjes maar lekker
  knallen!
* het eveneens een ritueel was om de geesten met offers gunstig te
  stemmen? Onze oliebollen en champagne zijn daar nog overblijf-
  selen van.
* nieuwjaarswensen en goede voornemens niet nieuw zijn? Ze zijn
  alleen wel een beetje veranderd. Afvallen of stoppen met roken
  was er vroeger nog niet bij. Het ging om zaken als het teruggeven
  van geleende landbouwspullen. Ook was het de gewoonte om
  geld te geven. Weer eens wat anders dan een nieuwjaarskaartje

sturen... (Hoewel: de krantenbezorgers komen nog steeds langs voor een nieuwjaarsfooi.)

* de eerste nieuwjaarsduik in de Noordzee bij Scheveningen plaatsvond in 1965? De initiatiefnemer was Jan van Scheijndel, een ex-Kanaalzwemmer. Er deden zeven durfals aan mee. Tegenwoordig zijn dat er rond de 8000!

Glow **wenst alle lezeressen een héél gelukkig nieuwjaar!**

Nieuwjaar

Ik kreeg vreselijk op mijn kop toen mijn ouders hoorden dat we achter Jochem aan waren gegaan. En ik niet alleen. Marscha's moeder dreigde zelfs met huisarrest op oudejaarsavond. Gelukkig nodigde oom Rien iedereen uit om de jaarwisseling in DST te vieren. Ook onze broers, zussen en ouders.
'Dan kunnen ze geen stomme dingen uithalen,' had hij tegen Marscha's moeder gezegd.

De feestcommissie was 's middags al in de Strandtent. Safira bakte oliebollen in de keuken en Marscha hielp met de andere hapjes. Karin versierde de bar met honderd theelichtjes en brandde haar vingers tijdens het aansteken ervan. Said zocht de muziek uit en Tim bracht het vuurwerk naar de voorraadkast. Marie-Fleur belde met haar vader en daarna met haar moeder om zich ervan te verzekeren dat ze toch echt allebei zouden komen. Oom Rien zette de champagne koud. Iedereen was in feeststemming, behalve Stanley. Hij zat in de ComCorner achter een laptop met een gezicht als een oorwurm.
'Nog niks gevonden?' vroeg ik.
'Jawel.' Zijn ogen bleven aan het scherm plakken. 'Vakken vullen bij Albert Heijn.'
'Nou ja.' Ik ging achter hem staan, sloeg mijn armen om hem heen en stopte mijn neus in zijn haar. Hij rook lekker, naar bosvruchtenshampoo. 'Beter dan niets, toch?'
'Hmmm.'
Waarom raakte hij me niet aan? Zo afstandelijk deed hij anders nooit.
'Ben je kwaad op me?' Mijn stem was raar dun.
'Nee, hoor.' Hij probeerde niet geïrriteerd te klinken, maar ik

hoorde het toch. 'Ik had alleen liever een baan in de horeca.'
White Palace. De woordjes lagen op het puntje van mijn tong,
maar ik kreeg ze niet naar buiten geduwd. 'Je vindt vast nog wel
iets.'
Toen vluchtte ik naar de keuken.
Marscha vulde een schaal met minipizza's. 'Wat is er?' vroeg ze
meteen.
'Stanley.' Ik ging op de mayonaise-emmer zitten. 'Volgens mij wil
hij naar Amerika.'
Marscha haalde haar schouders op. 'Laat hem dan gaan.'
'En hem kwijtraken?' riep ik uit.
Safira haalde een lading oliebollen uit het vet. 'Je raakt iemand
juist kwijt als je hem niet de ruimte geeft.'
Ik had zin om mijn vingers in mijn oren te stoppen en heel hard
te gaan zingen. 'Als hij echt van me houdt, wíl hij toch niet van
me weg?'
'Hij heeft vreselijk zijn best gedaan om hier een baan te vinden.'
Marscha veegde haar vingers af aan de handdoek en hurkte voor
me. 'Het is hoog tijd om iets terug te doen. Als je echt van Stanley houdt, gun je hem deze kans.'
Ik kon niet uitstaan dat ze misschien wel een heel klein beetje gelijk had. 'Aan jullie heb ik ook niks,' mopperde ik.

We aten en dansten en deden spelletjes. Om tien over halftwaalf
kwam Jochem binnen.
'Hem heb je toch niet uitgenodigd?' vroeg Safira. 'Het is wel een
drugsdealer, hoor.'
'Hij heeft ons gered,' zei Marscha stellig. 'En met Nieuwjaar ver-
dient iedereen een nieuwe kans.'
Ik keek naar de ouders van Marie-Fleur. Haar vader zat bij de bar
en haar moeder bij het raam. Oké, ze waren in dezelfde ruimte,
maar of het ooit nog goed zou komen...
Said en Karin jumpten met precies dezelfde passen. Tim had zijn
zus Merel de vloer op gesleurd. Bertje was niet bij mijn moeder

weg te slaan, omdat ze hem stukjes worst voerde. Iedereen leek het naar zijn zin te hebben, behalve...

Flink zijn.

'Kan ik even met je praten?' fluisterde ik in Stanleys oor.

We stonden op het terras, diep in onze jas gedoken, met onze handen op de balustrade en onze rug naar de strandtent toe. Achter ons zong Robbie Williams, voor ons hoorde ik de branding ruisen. De lucht was zwart en vol sterren. Als ik mijn pink één centimeter naar rechts schoof, kon ik Stanley aanraken. Toch leek hij heel ver weg, alsof hij minstens in Amerika was.

Amerika. Ik schraapte mijn keel. 'Je wilt geen vakken vullen, hè?'

Hij keek me aan. De wind blies zijn pony opzij, maar het was te donker om zijn ogen te zien.

Het leek wel alsof ik een berg moest beklimmen. 'Ik denk dat je die baan in White Palace dan toch maar moet aannemen.'

Waarom zei hij niets?

'Ik zal je wel heel erg missen,' vervolgde ik. 'Maar...'

'Bedankt, Fay.' Hij tilde me op en drukte zijn gezicht tegen me aan, terwijl hij me ronddraaide en mompelde: 'Ik wil je nooit meer kwijt.'

Ik had nooit gedacht dat het kon: je tegelijkertijd ontzettend blij en vreselijk verdrietig voelen.

De deur van DST vloog open.

'Ze zijn hier!' riep Marscha. 'Het is twaalf uur geweest, hoor. Gelukkig nieuwjaar!' Ze bedolf ons onder een lading zoenen.

Oom Rien deelde glazen champagne uit. Mijn zussen kregen kinderchampagne, wat Evi maar belachelijk vond. We proostten en daarna staken we vuurwerk af op het strand. Bertje zocht dekking achter de bar en Marscha en Jochem gingen hem samen op zijn gemak stellen, jaja. Stanley hield me de hele tijd vast en was plakkeriger dan ooit.

En toen werd het veel te snel twee uur en zei Safira: 'Wordt het geen bedtijd? Ik heb geen trek om tijdens de nieuwjaarsduik met een stel zombies te werken.'

**Problemen met je lijf,
je lover of je ouders?
Vraag Manja om raad!**
(Ook anonieme brieven
worden beantwoord)

Lieve Manja,
Ik doe mee aan een nieuwjaarsduik en moet in de ijskoude Noord-
zee springen. Heb jij nog warmhoudtips?
Koukleumpje

*Lief koukleumpje,
Zorg dat je in beweging blijft, zowel in als uit het water. Droog jezelf
na de duik meteen goed af en trek dikke kleren aan. Een warm drankje of soep zorgt ervoor dat je snel weer op temperatuur bent. In geval
van nood kun je met een surfpak aan in zee plonzen. Maar de echte
diehards doen het natuurlijk zonder!
Manja*

Afscheid

We stonden met een stuk of zestig mensen op het strand te blauwbekken.

'Klaar?' riep oom Rien.

'Schiet nou maar op,' mopperde Said.

Hoewel hij zijn glimmende trainingspak niet droeg, glom hij toch nog. Dat kwam door de boter waarmee hij zich van top tot teen had ingesmeerd. Toen Karin hem uitlachte had hij verontwaardigd gerapt: 'Wat nou? Een vetlaag is goed tegen de kou.'

'Af!' Zodra oom Rien op een fluitje blies, zette iedereen het op een hollen.

Karin was als eerste weg. De haaienvin die ze op haar rug had gebonden, flapperde heen en weer. Tim sloeg zich warm met zijn armen. Marie-Fleur kwam nauwelijks vooruit, want ze dacht dat het wel grappig was om op hoge hakken de zee in te duiken.

Marscha droeg een zilverkleurig badpak en Jochem een piepklein zwembroekje en een wollen muts. Bertje draafde blaffend om hen heen.

'Watjes!' riep Karin, die al lang in het water stond.

'Jaja.' Said voelde met zijn grote teen aan een golfje dat het strand op kroop. 'Koud!'

Inderdaad! Ik liep aan de hand van Stanley de branding in. Brrr. Het leek alsof een ijzige klauw zich om mijn middel sloot. Om ons heen klonk geschreeuw. Kreten van afschuw en overwinnaarsgebrul. Het duurde maar even. Toen kwam de mensenmassa als een enorm zeemonster het water weer uit en rende naar handdoeken en kleren.

Bibberend en rillend haastte iedereen zich naar DST. Daar was het behaaglijk en stond Safira achter een tafel met enorme kannen warme chocomel.

'We hebben het gedaan,' zei Said trots.

Karin streek met haar wijsvinger over zijn wang. 'Maar je bent nog steeds behoorlijk vettig.'

Stanley gaf me een zoen op mijn blauwe lippen.

En toen brak de één na laatste dag van de kerstvakantie aan. Over twaalf uur en zeven minuten zou Stanley van me wegvliegen.

Met pijn in mijn keel pakte ik de ingelijste foto in die ik hem wilde geven. Hij was genomen in DST en we stonden er allebei op. Twee blije breedbekkikkers.

Toen nog wel...

Een foto aan een touwtje was beter geweest, dacht ik. Dan kon hij hem aan zijn nek hangen en zagen al die stomme Amerikaanse meiden tenminste meteen dat hij al verkering met míj had.

'Fay, telefoon!' riep mijn moeder.

Stanley! Ik roffelde de trap af.

Het was Marscha. 'Vanavond houden we een afscheidsfeestje in DST.'

Ik was meer in begrafenisstemming.

'Ben je er nog?'

'Ja, maar...' Snapte ze dan niet dat ik de laatste avond met Stanley alleen wilde zijn?

'We hebben alles prachtig versierd,' ratelde Marscha al verder. 'Om zeven uur begint het.'

Tuutuutuut.

Ik staarde verbouwereerd naar de hoorn.

Hallo! Straks kon ik niet eens normaal afscheid nemen.

Vastberaden toetste ik Stanleys nummer in.

'Fay?'

Zodra ik zijn stem hoorde, begon er iets achter mijn ogen te jeuken. 'Hoi.' Ik slikte. 'Heb je het nog druk? Ik dacht... misschien kunnen we vanmiddag samen afspreken.'

Het bleef even stil aan de andere kant van de lijn.

'Sorry, schatje,' antwoordde hij toen. 'Maar ik moet nog inpakken.'

Ik kneep keihard in de telefoon. Niet janken, niet janken!

140

'En we zien elkaar vanavond toch?' vervolgde hij opgewekt. 'Op het feestje.'

'Oké, dan.' Lamgeslagen hing ik op.

Ik wist ineens zeker dat hij me in White Palace nog geen seconde zou missen.

Om zeven uur klom ik het terras op.

Blij doen. Ze hadden allemaal hun best gedaan en ik wilde het feestje niet verpesten.

Ik duwde mijn mondhoeken omhoog en ging naar binnen.

Het leek alsof ik in een fata morgana stapte.

DST was in een oosters sprookjespaleis veranderd. Overal brandden kaarsjes en er hing een lekker wierookluchtje. Op de vloer voor de bar lag een zee van kussens met een baldakijn van kleurige doeken erboven. Er stond ook een dienblad met twe glazen vruchtensap en schalen met vijgen en olijven erop.

'Hé, een toverfay.' Stanley kwam uit de keuken.

Ik trok mijn jas uit en mikte hem over een stoel. 'Zijn de anderen er nog niet?'

'Die komen straks pas.' Stanley pakte mijn arm en trok me mee naar de kussens. 'Over een uurtje of drie.'

De scharnieren van mijn kaken waren ineens stuk.

'Ga lekker zitten,' zei Stanley.

'Maar...' Ik kon het nog steeds amper geloven. 'Ik dacht... vanmiddag...'

'Toen moest ik alles klaarzetten.' Stanley gebaarde in het rond. 'Wat vind je ervan?'

'Het is prachtig.' Ik gaf hem een plagerig duwtje. 'Ik wist niet dat je zo romantisch was.'

'Marscha heeft me geholpen,' bekende hij.

'De stiekemerd.' Ik schudde mijn hoofd. 'Man, wat baalde ik na haar telefoontje.'

'Anders was het geen verrassing meer.' Stanley streelde mijn arm. 'Je dacht toch niet dat ik zomaar weg zou gaan?'

141

Ik werd helemaal wiebelig. 'Geef me nou maar zo'n lekker drankje.'

'Eerst dit.' Hij haalde een doosje uit zijn zak.

Met trillende handen schoof ik het dekseltje eraf. Op een fluwelen bedje lag een kettinkje met een medaillon in de vorm van een hartje eraan.

'Wat mooi,' zei ik hees.

'Er zit ook nog iets in.' Hij klikte het hartje open.

Een fotootje van Stanley. Ik kreeg ineens de slappe lach.

'Sta ik er zo stom op?' vroeg hij grijnzend.

'Nee, maar ik heb ook iets voor jou.' Ik gaf hem mijn pakje. 'Jammer genoeg kun je deze niet om je nek hangen.'

Ons afscheid was al net zo sprookjesachtig als DST. We lagen dicht tegen elkaar aan op de kussens. We zoenden, praatten, zoenden, voerden elkaar hapjes, zoenden, dronken vruchtensap en toen smaakten onze zoenen naar mango. We dansten met onze armen om elkaar heen en onze schaduwen dansten als een siamese tweeling met ons mee. Soms moest ik mezelf knijpen om zeker te weten dat ik niet droomde.

Om tien uur werd er keihard op de deur gebonsd.

'Schipholservice!' Marscha's stem.

'Nu al?' mopperde Stanley.

Zeg dat wel! Ik had het gevoel dat ik midden in de nacht uit mijn slaap werd gerukt.

De complete feestcommissie tuimelde binnen. Oom Rien en de ouders van Stanley volgden bedaard.

Stanley liet me met tegenzin los. 'Dan zal ik de kaarsjes maar uitblazen.'

We zaten stilletjes op de achterbank. Marscha, Stanley en ik. Stanleys vader zat achter het stuur en zijn moeder rommelde met de cd-speler. De kofferbak lag vol met bagage. Stanley had het fotolijstje veilig tussen een paar truien gestopt.

Oom Rien reed met de anderen voor ons. Karin trok gekke gezichten door de achterruit. Ik kon er niet om lachen. Stanley aaide de hele weg mijn hand en ik aaide hem terug tot ik er kramp van in mijn vingers kreeg.

Toen stonden we op Schiphol en wilde iedereen Stanley kussen en omhelzen. Ik was als laatste aan de beurt.

'Wat zal ik je missen.' Stanleys ogen blonken.

'Ik jou ook.' Ik klemde me aan hem vast.

'Ik ga je heel veel mailen en msn'en.'

'Als je daar maar tijd voor hebt.' Ik veegde iets nats van mijn wang.

'Tuurlijk wel.' Hij maakte zich los en gaf een tikje tegen mijn kin. 'Ik moet gaan.'

Ik knikte stom.

Met zijn rugzak over zijn schouder slenterde hij naar de poortjes bij de douane. We riepen en zwaaiden en Stanley stak voor de laatste keer zijn hand op en...

Weg. Ik voelde me ineens raar leeg.

De anderen liepen druk pratend naar de parkeergarage. Said vertelde een pilotenmop en iedereen lachte. Hoe konden ze zo vrolijk zijn?

Drie maanden. Het leek voor eeuwig en altijd.

Een hand op mijn rug. 'Gaat het een beetje?'

Marscha. Gelukkig was zij er nog wel!

'We gaan van alles doen,' zei ze. 'Samen shoppen, naar de film. Je zult zien dat die drie maanden zo voorbij zijn.'

Ik tastte naar het medaillon om mijn hals en zuchtte. 'Afscheid nemen is snert.'

Hoewel... Ik dacht aan de sprookjesachtige avond met Stanley. Die nam niemand mij meer af!

Wil je meer lezen over DST?
Lees dan ook de andere delen: